养育新科学

育儿高手

丛书主编
阳志平
—
王 薇
编著

来自脑
与认知科学的
养育实践

机械工业出版社
China Machine Press

图书在版编目（CIP）数据

育儿高手：来自脑与认知科学的养育实践 / 阳志平丛书主编；王薇编著 . -- 北京：机械工业出版社，2022.7

（养育新科学）

ISBN 978-7-111-71083-7

I. ①育… II. ①阳… ②王… III. ①儿童教育 - 家庭教育 IV. ① G782

中国版本图书馆 CIP 数据核字（2022）第 115277 号

育儿高手：来自脑与认知科学的养育实践

出版发行：	机械工业出版社（北京市西城区百万庄大街 22 号	邮政编码：	100037）
责任编辑：	李双燕	责任校对：	殷　虹
印　　刷：	北京宝隆世纪印刷有限公司	版　　次：	2022 年 8 月第 1 版第 1 次印刷
开　　本：	170mm×170mm　1/24	印　　张：	12.67
书　　号：	ISBN 978-7-111-71083-7	定　　价：	79.00 元
插　　图：	肉丸子		

客服电话：（010）88361066　88379833　68326294　　投稿热线：（010）88379007
华章网站：www.hzbook.com　　　　　　　　　　　　读者信箱：hzjg@hzbook.com

版权所有·侵权必究
封底无防伪标均为盗版

丛书总序

2015年,我与一群科学家朋友共同发起成立了儿童早期教育机构爱贝睿。转眼间,已经过去七年了。

七年时间,爱贝睿究竟做了些什么呢?一句话概括,就是专注于为有0～6岁儿童的家庭提供科学循证导向的儿童早期教育产品与服务,具体包括早教计划、早教咨询、早教盒子与早教课程,等等。与众不同的是,爱贝睿成立第一年就陆续签约了数十位来自哈佛大学、耶鲁大学、剑桥大学、牛津大学、清华大学、北京大学等世界名校的脑与认知科学专家和发展心理学与儿童教育专家,将其组建为爱贝睿家长教练团。

在创办爱贝睿的这七年时间里,一个意外收获就是爱贝睿家长教练团创作的"爱贝睿文库"。按照出版先后次序,"爱贝睿文库"目前已经出版了八本书,包括《养育的选择》(作者为陈忻博士),《自主教养》(作者为赵昱鲲博士),《给孩子的未来脑计划》与《魏坤琳的科学养育宝典》(作者为魏坤琳教授),《天才赢在注意力》(作者为黄扬名博士),《儿童英语启蒙》(作者为施乐遥博士),以及团队组织编写的《聪明养育》和《儿童大脑开窍指南》。

出版这些作品于爱贝睿而言,更像是一个无心之举。但它们得到了成千上万爸爸妈妈的厚爱,其中多本入选各大儿童教育类图书榜,豆瓣评分普遍在 8 分以上。

已经出版的八本书,仅仅是过去七年时间里爱贝睿庞大内容库的一小部分。因此,2022 年,我决定将"爱贝睿文库"升级为"养育新科学丛书",并担任丛书主编,为读者呈现更多精彩内容。这就是本套丛书的缘起。

那么,如何理解"养育新科学"的"新"?

新科学

许多传统育儿书要么基于个人经验之谈,要么依据过时的科学研究、理论体系（比如儿童教育领域的"右脑开发"）。然而，21世纪的儿童发展科学研究早已成为认知科学、神经科学、心理科学，以及生物学、语言学、教育学等多个学科共同探讨的庞大领域。关于养育的科学研究主要来源于此，只是许多尚不为人知而已。

"养育新科学"丛书致力于呈现较为新近的研究。举个例子，很多爸妈不知道，为什么有的孩子长大后善于抵制诱惑，没那么容易分心，而有的孩子则延迟满足能力较差，很容易走神。其实这与"执行功能"（executive function，EF）相关。再举个例子，为什么有的孩子长大后更容易理解别人的想法，与他人产生共情，有的孩子则更不容易理解他人的想法？这其实是因为孩子的社会情绪能力与"心理理论"（theory of mind，TOM）相关。

新系统

传统育儿书很少强调将养育看成一个系统，而更多是"头痛医头，脚痛医脚"。很多爸妈没有意识到养育是生理、社会、心理三者相互作用的过程，也没意识到养育行为会受到微观、中观、宏观三大系统的影响，因而不知不觉地塑造了孩子不好的习惯，然后再将孩子不好的习惯标签化——内向、调皮、害羞、脾气不好，等等。

"养育新科学"丛书强调将养育行为看作一个系统，生理、社会、心理三者在其中相互转换与促进。我甚至专门撰写了一本书来讨论如何将系统观应用于育儿。

新场景

新生儿爸妈与 6 岁孩子爸妈关心的话题显然是不同的。不少传统育儿书往往选择不去深究这个难题，而是追求适用于所有年龄段，并涉及所有主题。

在"养育新科学"丛书中，我将作品分为三类。第一类是帮助家长建立关于育儿的整体认知的图书。这类书侧重的是反常识理念与前沿科学研究，帮助各位爸爸妈妈形成正确的科学养育观。第二类是按不同时期或年龄段来划分的图书，比如孕期、0～3 岁、3～6 岁等。这类书侧重的是实操步骤，直接让各位爸爸妈妈在养育时"抄作业"。第三类是按专题来划分的图书，比如认知、语言、情绪、运动，多种多样。这类书侧重的是深度、资源、技术等。当场景细分后，各位爸爸妈妈在阅读时会更容易有的放矢。

新媒体

很多时候，我们觉得一本育儿书让人读不下去是因为文字太多了，如果辅以图、表格、视频或音频，可读性就会大大提升。

"养育新科学"丛书中的绝大多数作品均有配套的课程、视频、音频，以及由获奖设计师精心设计的漫画作品或插图。它们也许能够帮助各位爸爸妈妈更好地消化书中的知识点，将其转化为自己的育儿实践。

七年前，在爱贝睿刚刚成立时，我写下了它的初心：如果每位爸爸妈妈能在孩子的发展早期多掌握一些靠谱的脑科学与儿童心理学知识，那么，孩子的未来就会好上一点点。如今回首，在儿童教育行业纷纷攘攘的七年里，我们守住了初心。长期坚持做正确的事情，这是爱贝睿的价值观。

育儿也是这样的：长期坚持做正确的事情，不争一时快慢。在你的育儿路上，爱贝睿出品的"养育新科学"丛书很高兴能与你同行。

阳志平

爱贝睿联合创始人

心智工具箱公众号作者

2022 年春

推荐序
育儿高手是怎样炼成的

1. 生活中的育儿高手

因为工作缘故,我认识了很多育儿高手。我想与读者分享一下其中几位的经验之谈。

第一位育儿高手是华东师范大学儿童发展心理学教授李晓文老师。

当你的孩子考试获得好成绩时,你该怎么办?我相信绝大多数爸爸妈妈的反应是,孩子考高分了,赶紧奖励孩子,比如问孩子想要什么礼物。而李晓文老师的做法是,反过来让孩子奖励爸爸妈妈,比如请爸爸妈妈外出吃饭。(这是她的学生刘建鸿老师告诉我的。)

请注意这两种做法的细微差异。前者是依然将孩子看作大人的附属品：你考得好，我应该肯定你，所以我来奖励你。后者将孩子看作独立个体：你考得好，爸爸妈妈都为你高兴，你来跟爸爸妈妈分享你的喜悦。这个关系的翻转，多数家长都不太注意。

第二位育儿高手是北京大学心理与认知科学学院的魏坤琳老师。

很多家长一般会怎么劝孩子起床？他们一般会说：你要起床啦，起来刷牙，洗脸，吃饭，我们出去玩。但孩子还是不想起床。为什么呢？因为起床对很多孩子来说是一件缺乏动机的事情，而后面跟着的一串动作——洗脸、吃饭、出去玩，也都和孩子当下该做的事情没有多大关系。换句话说，家长给孩子的指令不够清晰。

那魏老师是怎么做的呢？他会站在床的另一边说："宝宝，滚过来，到爸爸这边来！"孩子就会很开心地打个滚儿，也就起来了。

这一招为什么好用呢？从认知神经科学角度来说，行动（action）和动作（movement）的复杂程度对大脑来说是不同的。动作是最小的控制单位，而行动可能由一系列的动作组成，而且需要比较清晰的目标和一系列的计划。儿童的大脑目标感不强,没有办法对"行动"的指令快速做出回应。所以,如果大人希望孩子做某件事情,那么最好能够帮助他们把目标拆解开,给出当下立即可以做的具体动作,比如魏老师所说的"滚过来"。

当然,这种"清晰指令"适用于年龄比较小的孩子。等孩子慢慢长大,他们会越来越善于识别行为所蕴含的意义,爸爸妈妈也就可以相应地改变策略。

第三位育儿高手就是本书编著者王薇老师了。她的孩子在两岁时有些远视,而且度数偏高,医生建议试试戴眼镜矫正。在让孩子适应戴眼镜的过程中,她做了以下三步操作。

- 第一步是先带着孩子看一些关于眼镜的绘本,让孩子明白什么是眼镜,并意识到眼镜是一个"很好玩"的东西。
- 第二步是给家里老人与家政阿姨都配上了平光镜——没有度数的纯装饰品,从而营造了一种氛围:看,大家都在戴眼镜,这是一件很好玩的事。

- 第三步是在带孩子配眼镜前先带孩子去理发,通过制造仪式感让孩子知道这是一个新变化。配完眼镜之后,再带孩子吃一顿好吃的,给孩子积极反馈。

一套操作下来,孩子竟然主动戴眼镜了,还督促爸爸也戴眼镜。

李晓文老师、魏坤琳老师和王薇老师的育儿经验都令人印象深刻。他们的共同点不仅在于比普通爸爸妈妈知道更多育儿知识,更重要的是,他们还能更好地活学活用,把书本知识与自己孩子的实际情况结合起来,应用到育儿实践中。

2. 生活中的育儿流派

我曾经开玩笑,中国育儿界有三大流派:"激进派""佛系派"与"科学派"。

"激进派"往往是从教育中受益匪浅的家长。他们非常重视子女教育,经常给孩子"打鸡血"。孩子打小就要参加各种培训班,被逼迫的情况也屡见不鲜。

与"激进派"相反的是"佛系派"。这些家长出于种种原因没那么重视子女教育,觉得顺其自然就好。

如今,第三大流派也在兴起。这就是推崇关于育儿的科学知识,尤其是儿科医学与儿童发展两门学科的"科学派"。其祖师爷是亚伯拉罕·雅各比(儿科医学先驱)、普莱尔(儿童发展心理学先驱)、皮亚杰(儿童认知发展奠基者)等。这些家长也"佛系",但没那么重视的仅仅是孩子自然而然就会发育好的那些方面;他们也很积极,但往往将注意力花费在一些非学业成就上,比如孩子的身体健康与心理健康。显然,"科学派"效率更高,更容易诞生21世纪的育儿高手。

如果你开始在"科学派"拜师学艺,试图成为一名育儿高手,那么,你的学习重点会是什么?答案是掌握一门关于育儿的科学语言。理论也好,实验也好,最终都要落实到由科学术语和科学概念构成的语义网络上。掌握育儿的科学语言之所以如此重要,是因为人类大脑是通过抽象语言来处理复杂工作的。如果不提高自己关于育儿的词汇量,那你如何描述碰到的育儿困惑?如果你不能描述,谈何解释?如果你不能解释，谈何改善？如果没有特定领域的专长，我们就难以从事复杂、有创意的脑力劳动。同理，一个对儿童发展科学一无所知的家长如何更好地养育孩子？——只能拼经验。

3. 科学与经验的真正区别

科学与经验之间的真正区别是什么？我们需要在以下问题中寻找答案：是否可以定义？是否可以验证？是否可以质疑？具体到育儿上来说，就是能否定义、分类、评估与干预。

- 定义：对于某个概念，科学家是如何定义的？目前主流的定义是什么？具体对应哪些真实世界的现象？
- 分类：某个概念是否存在子维度？也就是说分类学意义如何？
- 评估：如何评估某个概念及其子维度？
- 干预：如何改善孩子在某个概念上的表现？有什么方法或技巧？

下面是以科学概念"执行功能"为例的具体阐述。

如何定义执行功能

我在前文提到过,很多爸妈不知道,为什么有的孩子长大后善于抵制诱惑,没那么容易分心,有的则延迟满足能力较差,很容易走神。其实这与"执行功能"相关。

从日常生活中的育儿现象进入科学研究层面,执行功能的定义是什么?它通常是指个体对思想和行动进行有意识控制的心理过程。通俗地比喻,执行功能就像是大脑中的指挥官,计划、组织信息、做出判断、解决问题都要受到这个指挥官的控制。

如何为执行功能分类

我们先来与孩子玩一个小游戏"国王说"。游戏的规则是这样的:当你听到"国王说,……"的时候,你要做出这个动作;如果你没有听到"国王说",那就不要做这个动作。

现在让孩子尝试一下:

"国王说,摸摸你的鼻子。""国王说,摸摸你的耳朵。""国王说,双手交叉放在胸前。""把双手放下来。"

前三句都有"国王说",孩子需要根据指示快速地在摸鼻子、摸耳朵和双手交叉放在胸前三个动作之间切换,有的孩子切换得快点,有的孩子切换得慢点,这涉及孩子的认知灵活性。

最后一句"双手放下来"的前面没有加"国王说",那就不能做这个动作。不少孩子第一次玩时会受思维惯式的影响,仍然会做出放下双手的动作。

抑制住惯性、忽略无关刺激、顺利达成目标的能力,被认知科学家称为"抑制控制"。认知灵活性侧重于反映的是在某某条件下知道要做什么,而抑制控制能力是指在某某条件下不去做什么。完成以上任务还需要一个前提条件,就是掌握并操作这些规则。这个能力与"工作记忆"相关。工作记忆是一种对信息进行暂时加工和储存的能量有限的记忆系统。

从"国王说"这个执行功能小游戏可以看出,执行功能包含三种核心能力:认知灵活性、抑制控制、工作记忆。这就是执行功能的分类。

如何评估孩子的执行功能

我们可以通过上述小游戏来粗略地评估孩子的执行功能。下面是一些常用的考察学前儿童抑制控制能力的测验任务。

常用的学前儿童抑制控制测验任务

抑制控制任务	预备反应	正确反应
卡牌分类	按之前成功的维度分类	按新的维度分类
白天和晚上	看见太阳说"白天",看见月亮说"晚上"	说出与图片上的内容相反的话
草与雪	指向绿色表示"草",指向白色表示"雪"	指向与之相关的颜色的相反颜色
耳语	大声喊出熟悉的人物的名字	悄悄地说出名字
熊与龙	听从两只动物的指挥	听熊的指挥,但不听龙的指挥
空间冲突	按下与图片同侧的按钮	无论在什么地方,都要按下与图片相匹配的按钮

根据这些测验任务,我们开发了大量小游戏。这就是本书中小游戏背后的科学原理。我们也可以通过专项测验来评估孩子的执行功能。比如,我主持开发的儿童认知能力评估系统就有一个分测验,专门用于评估孩子的执行功能。

如何提高孩子的执行功能

游戏是一种不错的方法。我们可以和宝宝一起按照规则找物品。比如，请宝宝找一找家里的红色物品，宝宝找到之后可以换个规则，让他找一找哪些物品是圆形的，哪些是三角形的。转换游戏规则能够锻炼孩子的认知灵活性。当孩子再大一点时，我们可以跟他一起玩"国王说""大西瓜小西瓜"之类的游戏。孩子需要按照规则控制自己，这可不是一件简单的事情。

运动也是一种不错的方法，尤其是有氧运动、棋类运动等。

4. 育儿关键知识点

育儿涉及很多知识点，其中哪些是最重要的呢？

爱贝睿的"未来脑计划"项目基于庞大的科学文献，将孩子的核心能力总结为智力、语言、情绪、运动与创意等 5 大类 20 种。以智力为例，要培养一个聪明宝宝，你可以从感知注意、记忆学习、问题解决和执行功能四个方面下功夫。如下图所示：

这些知识点或者说关键指标，可以说是成为"科学派"育儿高手的基本功。比如，前文介绍的第一位育儿高手李晓文老师的案例，其背后原理与第5章第19节的"成长型思维"相关。第二位育儿高手魏坤琳老师的案例，其背后原理与第4章第14节的"精细动作"相关。第三位育儿高手王薇老师的案例，其背后原理与第3章第10节的"情绪调节"相关。

5. 本书特色

本书编著者王薇老师是"未来脑计划"项目的主理人,正是在她的带领下,项目才成功上线,在成千上万家庭中得到了实际验证。喜闻她将项目心得编撰成书,以《育儿高手》之名发行。顾名思义,这是一本从科学与实践角度帮助各位爸爸妈妈成为育儿高手的书。这本书有三个特色。

第一个特色是,《育儿高手》是一本科学、全面的育儿书。如前所述,本书围绕孩子的智力、语言、情绪、运动与创意等5大类20种核心能力展开。

第二个特色是,《育儿高手》是一本容易操作的育儿书。这本书为各位爸爸妈妈准备了精心设计且配有精美插图的60个亲子游戏,能帮助家长在日常生活中更好地陪伴孩子,在游戏中提高孩子的智力、语言、情绪、运动与创意等能力。

第三个特色是,《育儿高手》是一本来自实践的育儿书。这本书源自爱贝睿团队发起的大型儿童早期教育计划——未来脑计划。成千上万的爸爸妈妈参与该计划，从育儿小白成为育儿高手，从而促进了孩子的大脑发育。

科学全面——覆盖孩子成长过程的20种能力，这是第一个特色；容易操作——精心设计的60个亲子游戏，这是第二个特色；来自实践——成千上万的爸爸妈妈已经验证了相关科学理论与亲子游戏的效果，这是第三个特色。如今，这些成果汇集在一起，就成了你眼前的这本《育儿高手》。

读《育儿高手》，吃透育儿背后的科学原理，你也可以成为育儿高手。这正是科学与经验的差别：科学更易传播、复用，经验更难传播、复用。

期待你成为亲朋好友心目中的育儿高手！

阳志平
爱贝睿联合创始人
心智工具箱公众号作者
2022年春

目录

丛书总序

推荐序：育儿高手是怎样炼成的

第 1 章　**智力脑**
　　　　如何培养聪明伶俐的孩子　/ 1

　　第 1 节　感知注意 | 孩子搭积木时总听不见你叫他　/ 2

　　第 2 节　记忆学习 | 学过的内容，孩子第二天就忘　/ 17

第 3 节　问题解决｜孩子的大脑如何解决难题　/ 30

第 4 节　执行功能｜大脑里有个优秀的指挥官　/ 42

第 2 章

语言脑
如何更好地对孩子进行语言启蒙　/ 57

第 5 节　语言理解｜短短两年，孩子就能理解一门语言　/ 58

第 6 节　语言表达｜伶牙俐齿与金口难开　/ 72

第 7 节　阅读准备｜如何让孩子从小爱上阅读　/ 87

第 8 节　书写准备｜捏泥人和学写字有什么关系　/ 103

第 3 章

情绪脑
如何管理孩子的情绪　/ 119

第 9 节　情绪识别｜孩子头脑里的"情绪小人"　/ 120

第 10 节　情绪调节｜为什么孩子会控制不住发脾气　/ 131

第 11 节　社会认知｜孩子头脑中有个假想的玩伴　/ 141

第 12 节　社会关系｜见到陌生人，孩子不肯打招呼　/ 153

第 4 章

运动脑
如何运动才能促进认知发展　　/ 167

第 13 节　粗大运动｜爬走跑跳，每一步都是飞跃　　/ 168

第 14 节　精细动作｜小动作也能促进大脑发育　　/ 178

第 15 节　体适能｜身体适应外界环境的综合能力　　/ 190

第 16 节　健康管理｜宝宝身体健康是父母心中的头等大事　　/ 205

第 5 章

创意脑
如何让孩子富有创造力　　/ 219

第 17 节　创造性体验｜让大脑享受放松，它会更活跃　　/ 220

第 18 节　发散性思维｜让思想散发，变成创意喷泉　　/ 232

第 19 节　成长型思维｜不论输赢，孩子都能开心生活　　/ 243

第 20 节　反事实思维｜孩子为什么会异想天开　　/ 258

参考文献　　/ 272

后记　　/ 276

第 1 章

智力脑

**如何培养
聪明伶俐的孩子**

第 1 节　感知注意
孩子搭积木时总听不见你叫他

生活中有一种常见的场景,你大概也遇到过。

孩子正在专注地玩着积木,你喊他:"宝宝,吃饭啦!"但他就像没听见一样,继续搭积木,连头都不抬。

你可能纳闷:这孩子学会故意不理人了?其实,孩子不是故意的。

这要从孩子怎样接收外界信息这个问题开始说起。

孩子怎样接收外界信息

人类和其他动物通过感觉系统(sensory system)产生对外在世界的知觉。感觉系统可以称得上是物理世界与内在感受之间的转换器,它主要包括与视觉、听觉、触觉、味觉和嗅觉相关的系统。

举个例子,请你想一想,孩子在搭积木的时候,会动用哪些感官接收外界信息?他要用眼睛看,看积木的大小和形状合不合适;他要用手去触摸，感受再加一块积木时"高楼"还稳不稳；他要注意听，如果一不小心积木倒掉，就会发出"哗啦"的声音。即使是搭积木这样看起来很简单的游戏，孩子也调用了多种感官。人就是这样通过多种感官去感知世界，接收和处理外界信息的。

当外界信息作用于感官时，大脑会产生整体的看法和理解，对感官信息进行组织和解释。这个过程被称为知觉（perception）。比如，当孩子拿到一个物品时，他接收到的信息是：这是方块，不太沉，比较光滑，比较坚硬。大脑可能立刻进行组织和解释，认为这是一块积木。

在生活体验中，你很难把感觉和知觉区分开。感觉是接收信息的第一步，知觉是对信息进行进一步的加工，它们统称为感知觉。

读到这里，你大概要问："我说的话也是声音信号，孩子怎么就听不见呢？"

为什么孩子听不见你说的话

研究者做过这样一个实验。实验参与者需要认真地观看一段视频，他们被告知的任务是：数一数，视频里穿白色衣服的人一共传了几次球？

视频结束后，研究者却换了一个问题。他问参与者："你看到有一只大猩猩从传球的人们中间走过去了吗？"结果显示，相当一部分人没看到大猩猩。这是一个经典的脑认知科学实验，叫作"看不见的大猩猩"[一]。

有趣的是，后来有研究者用眼动仪监测参与者的眼睛运动轨迹，

[一] 读者可在网上搜索并观看该视频。

发现那些回答"没看到"的人,其注视焦点其实有足够长的时间落在了大猩猩身上,也就是说,他们能接收到这个视觉信号。

但是,为什么他们说自己没看到大猩猩?因为人的注意有选择性。我们总会关注特定的东西,把其他的无关信息当作可以忽视的背景。

孩子搭积木时听不见你说的话,也是一样的道理。这个时候,孩子大脑里负责抑制外界干扰的区域特别活跃。他的注意力集中在搭积木上,你说的话只是背景音。

感知觉和注意力是孩子接收信息的第一步

你一定发现了,感知觉和注意力都是信息输入的重要环节,是孩子学习的第一步。

先说说感知觉。宝宝早期的学习依赖于感觉的支持,他们在探索这个新鲜的世界时,不仅会仔细听、盯着看,更喜欢摸一摸、尝一尝。相反,成人的大部分信息来源是看和听,因此更依赖视觉和听觉的发展，而忽视了其他感官信息。比如，宝宝把一碗菜汤打翻后，会用手捏碎食物，还把它们抹在餐盘上、脸上，大人会抓狂地说："快停下！太脏了吧！"事实上，这是宝宝在用小手的触觉和动作了解食物的特点。你不妨鼓励孩子用多种感官感受这个立体的世界，让孩子接收不同类型的信息，并鼓励孩子把感知到的各种信息关联起来。

再来说说注意力。许多爸妈抱怨孩子注意力差，做事情三分钟热度。这里也有一些误会。你需要了解，孩子的注意力有其发展特点。

一方面，宝宝的注意力就像一个灯笼，照亮四方一大片；随着年龄增长，这片灯光越来越窄，直到成年的时候变成一台聚光灯的光束。这种现象和大脑的发育有关。负责抑制干扰的脑区（背侧注意网络）主要为顶叶和额叶，发育比较慢，所以孩子很难保持长时间的注意。相反，注意新事件、观察新情况的脑区（腹侧注意网络）发育比较快，而且在孩子很小的时候就非常活跃了。

另一方面，注意力分为不同的类型，只有了解它们，你才能有针对性地帮助孩子。

注意力的第一种类型是你熟悉的："专注于一件事情"，也就是说，环境中有很多信息，你要选择注意一些信息，并抑制其他信息的干扰，这叫"冲突的排解"。

注意力的第二种类型叫作"警觉"，也就是随时侦察环境的变化。比如，你正一心一意地走路时，发现路边楼上有一块广告牌被风吹得摇摇欲坠，你会赶紧绕开。

注意力的第三种类型叫作"注意力的转移"，即注意力从一个需要注意的事物转移到另一个需要注意的事物上。比如，你在等绿灯的时候看向路边的广告牌，并在红灯和广告牌之间切换注意力，在灯变成绿色时赶紧过马路。

在测试和锻炼孩子不同类型的注意力方面，科学家有一些比较成熟的方法。作为家长,你至少要避免成为孩子的分心因素,也就是说,当孩子专注于探索和玩耍时,不要打扰他。

孩子通过感知觉接收外界信息,他的注意力会有选择地感知特定对象。感知觉和注意力是孩子学习的基石。那么,可以通过什么方式帮助孩子锻炼感知力和注意力呢?下面的"口袋侦探""听声坐凳""拍拍捉老K"这3个游戏或许可以帮到你。

1. 口袋侦探（2岁以上）

训练目的

让宝宝通过触摸感知物体，锻炼触觉分辨能力，从而建立触觉和视觉的感知联系。

所需道具

1个不透明的布口袋（例如枕头套、帆布包等）

各种各样宝宝熟悉的物品（例如小球、橡皮鸭、玩具车、袜子、勺子、杯子等）

步骤讲解

步骤1：将物品放入口袋

将一件物品放进口袋中，放的时候不要被宝宝看到。

步骤2：小侦探摸摸看

请宝宝来做小侦探，让宝宝闭上眼睛抓摸口袋里的物品，猜猜摸到的是什么。

步骤3：宝宝猜对了吗

取出口袋中的物品，看看宝宝猜得对不对。

再让宝宝仔细摸摸物品，告诉宝宝这件物品摸起来有什么特别之处，你可以借此机会向宝宝解释"软""硬""光滑""粗糙"等概念。

步骤4：继续游戏

在口袋里放入另一件物品，重复游戏。

鼓励宝宝一边猜摸到的物品是什么，一边用语言描述自己的感受。

步骤 5：交换角色

让宝宝把一件物品藏在口袋里，由你来扮演侦探。在摸物品的过程中，可以多用语言描述感受。

不要太快说出物品的名称，你可以假装很为难，向宝宝求助，让宝宝给你一些提示。

玩法变式

宝宝可能需要多摸几次才能猜对，要给他足够的时间。当宝宝发现自己不用看就能辨别物品时，他会感到很得意。如果宝宝实在猜不出,也别让宝宝泄气,赶快公布答案吧!

如果宝宝很快就猜出来了,你可以变个花样,在口袋中一次放入多个物品,然后给宝宝一个指令,例如"摸摸看哪个是杯子"或"把软的东西拿出来",等等,请他按指令拿出东西来,看看他能否拿对。

注意事项

- 在游戏进行之前,请确保游戏使用的物品干净卫生。
- 口袋中的物品不可太过尖锐,以免划伤宝宝的手。

学点脑科学

通过触摸游戏,宝宝能体会到不同物品的质地,丰富触觉感知,锻炼触觉分辨能力和跨通道知觉,从而建立触觉和视觉的感知联系,多维度地理解物体的属性。同时,在游戏中鼓励宝宝学习描述感觉的词语,还能促进宝宝的语言发展。

2. 听声坐凳（3岁以上）

训练目的

通过听击掌声坐凳子这个游戏锻炼孩子的注意力、快速反应能力和抑制控制能力。

所需道具

若干把凳子或几块坐垫
若干张便利贴
1支笔

步骤讲解

步骤1：游戏准备

将凳子围成一个圈。

在每把凳子上贴一张便利贴，上面画圆（表示"继续游戏"）或者画叉（表示"互换角色"），向孩子讲解符号的含义。

步骤2：开始游戏

你不断地击掌，让孩子站在凳子外圈，随着你的击掌声围着凳子移动。

当击掌速度变快时，孩子要快跑。当击掌速度变慢时，孩子就要慢慢走。

当掌声停止时，孩子要停止移动并迅速坐到离他最近的凳子上。

步骤3：继续游戏

查看凳子上的便利贴，如果是圆，游戏继续，如果是叉，你就要和孩子交换角色，然后游戏继续。

玩法变式

熟悉游戏后,可以将掌声换成音乐,随着音乐节奏围着凳子走、跑或跳舞。当音乐停止时,停止动作,并坐到最近的凳子上。

这个游戏也适合多人一起玩。当多人参与时,可以准备数量为人数减 1 的凳子。当音乐响起时,大家围着凳子走、跑或跳舞;当音乐停止时,大家迅速抢坐凳子,没抢到的人被淘汰。留到最后的人胜出。

学点脑科学

在游戏中,孩子需要注意听游戏指令,并快速做出反应,这对孩子的注意力、快速反应能力和抑制控制能力都是很好的锻炼。

这个年龄的孩子集中注意力的能力有所增强，已经可以持续玩一件玩具或完成你布置给他的任务了。但是由于孩子的大脑抑制功能相对较弱，因此注意力的稳定性还比较差。

抑制控制能力是指我们在完成一项任务时抑制无关干扰的能力。这项能力可以促进孩子的注意力、记忆力等认知能力的发展，对于孩子的情绪调节和社会功能也有着重要的影响。

3. 拍拍捉老 K（5岁以上）

训练目的

通过翻扑克牌游戏锻炼孩子的注意力、快速反应能力以及分辨细节的能力。

所需道具

1 副扑克牌

步骤讲解

步骤 1：认识"K"牌

请你从扑克牌中挑出 4 张"K"牌，和孩子聊聊这些牌的名称和图案。

步骤 2：按人数平分扑克

将整副牌打乱顺序，按人数平分，每人一叠。

不要看牌，将牌面朝下扣在自己面前。

步骤 3：捉老"K"

游戏开始，按顺时针方向，玩家依次轮流翻牌，将自己那一叠牌中最上面一张牌的牌面朝上，并放在桌子中间。

当翻出"K"牌时，立即抢拍，谁先用手盖住那张"K"，桌子上所有已经翻出的牌就归谁。

如果没有翻出"K"，就继续轮流翻牌，

直到"K"出现。

如果有人拍错了,就要给在场的其他玩家各发一张自己牌堆中的牌作为惩罚。

步骤 4:最终胜利

如果自己的牌全部翻完了,则淘汰出局。坚持到最后的人胜出。

玩法变式

你和孩子也可以选择拍其他的牌,任意一张牌都可以。

注意事项

刚开始玩这个游戏时,孩子可能会常常拍错,这个时候你可以暂停游戏,和孩子讨论"K"的特点,再继续游戏。

学点脑科学

只有先注意到对象事物,才能排除干扰、集中精力进一步感知和思考。当孩子专心做一件事时,会对活动的内容产生非常清晰的感知,对周围人的说话、行为则会视而不见,这就是注意的表现。

游戏需要孩子记住和辨别"K"牌的各种属性,在游戏时高度集中注意力,快速认出"K"牌并做出反应。如果孩子对这个游戏很熟练,他会慢慢意识到一副牌中只有4张"K"牌,并逐渐想出游戏策略。这对于孩子的注意力、快速反应能力以及分辨细节的能力都是很好的锻炼。

第2节 记忆学习
学过的内容,孩子第二天就忘

听到"记忆"和"学习"这两个词,有的家长可能会想:"这简单,我都明白。上学的时候,我就记性差,老师讲的内容我总是左耳进、右耳出。现在我家孩子也一样,第一天教的内容,第二天就忘,简直白学了。"

这种理解有对的地方,也有不对的地方。哪儿对,哪儿不对,我们细细说来。

记忆和学习密切相关

当我们说学习一个新事物时，是指将接触的感知觉信息存储在我们的大脑区域；当我们学会后，未来在同样的场景中，我们能从大脑中将知识提取出来。当我们说学不会、记不住时，指的是没法对信息进行编码，让信息进入记忆系统中；或是事后需要提取相应信息时出现了问题。

举个例子，当你问孩子"昨天教你的这个字念什么"时，孩子却回答不上来，这可能是因为他在对汉字进行编码时就出了差错，压根儿没存进大脑；另一种可能是，孩子将汉字存进了大脑，但在你问的时候卡壳了，没提取出来。

通常，人们对于学习与记忆的理解并不全面。不过，学习与记忆密切相关，这一点是对的。

记忆时，大脑里发生了什么

记忆从信息输入开始。首先，你的感官系统接收环境中的信息，比如看到图像，听到声音，就形成了一瞬间的感知记忆。

然后，你的大脑对这些感知记忆进行暂时的加工处理。比如，如果你在专心收看视频讲座，你就会把这些声像放在大脑里，并对它们加以组织和理解。这是工作记忆⊖（working memory）所做的事情。

最后，工作记忆加工过的信息会被进一步传送到长时记忆中。保存学习经验的过程正是如此。长时记忆的持续时间可能长达几十年。另外，工作记忆也可以直接从长时间记忆里读取信息，比如你在听到"工作记忆"这个词时，可能会想起以前在哪儿听过、听谁说过，并提取出当时存在大脑里的信息。

你可以把长时记忆想象成人脑的"硬盘"，能长期存储信息，而且容量极大，几乎无限制。而工作记忆像是人脑的"内存"，任何需要写入"硬盘"的信息，以及处理这些信息的"程序"，都要载入"内存"中才能运作。工作记忆的重要性可见一斑。但是，人脑"内存"的容

⊖ 工作记忆是一种对信息进行暂时存储和加工的记忆系统，它的持续时间不是特别长，大概几秒钟到几分钟不等。

量非常有限，我们能在注意焦点之下，也就是工作记忆中，同时处理的记忆单元，一般都是个位数而已。很明显，工作记忆是我们处理海量信息的瓶颈。

现在你可能想问，那怎么办？工作记忆容量小怎么办？想让孩子记住的信息他记不住怎么办？到了要用的时候他又提取不出来怎么办？别担心，科学家有靠谱的建议。

怎样帮助孩子提高记忆力

怎样能记得多、记得牢？方法并不少。这里有三个关键词：连接、组块、提取。

先说连接。信息不是存在于一个个独立的小格子里的。记忆是网状的，大脑会将信息分类组织，将类似的数据合并连接。比如，当孩子看到一棵树时，摸摸树皮，观察树叶的形状，想起妈妈讲过的关于这棵树的故事，就能形成比较牢固的记忆。也就是说，记忆时，掌握的相关信息越多，就记得越牢。关键是把新信息与旧信息连接起来。

再说组块。工作记忆容量有限，而有些信息就是独立存在的，很难与其他信息连接起来，这怎么办？你可以转化这些信息，把它们切分为更有意义的组块，然后进行编码。比如，你需要在5秒内记住这串字母：USMBAPHDCCTV。怎么记呢，很简单，把它们切分成四组：US、MBA、PHD、CCTV。你可以想象，自己在美国（US）读工商管理硕士（MBA），博士（PHD）毕业后，去中央电视台（CCTV）工作了。需要补充的是，能够成功分组的前提是你知道这些缩写的意思。知识积累得越多，你就越容易对新的记忆进行编码和分组。

最后说说提取。以前人们认为，学习发生在对信息编码的过程中，提取只是检测学习效果的工具，比如考试。而脑认知科学研究结果表明，提取记忆的过程本身也是学习，甚至比简单的重复效果更好。这个现象被称为"提取练习效应"。为什么会这样呢？研究者推测，大脑不可能记住感知到的所有信息，就会有选择地记忆，至于如何选择，大脑倾向于认为那些不断被唤醒的信息很可能是有用的，更值得记忆。

而且，提取的过程本身就是记忆的一部分，每次提取都会把旧的记忆唤醒，并且再次编码，从而起到巩固记忆的作用。

怎么在日常生活中运用以上方法呢？记住一个原则：多让孩子回忆。在学新知识时，将新知识与旧知识结合起来。在亲子阅读时，除了你读给孩子听，还可以在孩子基本熟悉了故事情节后让他复述故事——这就是一种记忆的提取，自己讲过的故事，再想忘记就很难了。

记忆与学习是智力的重要组成部分。记忆学习的科学方法远不止以上三种，科学研究还在不断地进行探索。那么，可以通过什么方式帮助孩子锻炼记忆力呢？下面的"模仿我最大""眼睛照相机""红萝卜，黄萝卜"这3个游戏或许可以帮到你。

1. 模仿我最大（2岁以上）

训练目的

通过这个模仿活动可以锻炼宝宝的记忆力、注意力以及抑制控制能力，发展身体的运动能力。

所需道具

大小适宜的场地

步骤讲解

步骤1：热身运动

先来和宝宝热热身吧！

请你带着宝宝转转脖子，伸伸腰，踢踢腿，准备大展身手！

步骤2：动作表演

对宝宝说："我们来玩一个游戏，我来做动作，你要看仔细哦，一会儿你来模仿我的动作。"

步骤 3：模仿时间

请宝宝来模仿刚才你做的动作，看看宝宝能记住几个。

如果宝宝刚开始接触这个游戏，你可以不限制动作顺序，只要能记住动作就可以。你也可以给宝宝一些提示，帮助他理解游戏规则。

如果宝宝做对了，一定要及时给予鼓励和夸奖。

步骤 4：交换角色

现在交换角色，宝宝来做动作，你来模仿。你可以假装忘记了动作或故意做错，让宝宝来帮你纠正。

玩法变式

从最初的 2～3 个动作开始，你可以根据宝宝的情况逐渐增加动作数量，让游戏更具挑战性。当宝宝能模仿一些简单的动作后，你可以让动作变化多样，比如做一些滑稽的动作，让游戏变得更加有趣。

你也可以用宝宝熟悉的音乐或童谣配合动作来做游戏，帮助宝宝记忆。

学点脑科学

我们在进行语言理解、阅读、运算和推理等高级认知活动时都离不开工作记忆。

2岁左右的宝宝很喜欢模仿大人的动作。做这个游戏时,宝宝需要运用视觉追踪并记住你的动作及其顺序,然后在轮到自己时回忆并模仿你刚才的动作。

这个游戏能够锻炼宝宝的注意力、抑制控制能力,提高记忆力。

2. 眼睛照相机（2.5 岁以上）

训练目的

通过记忆多种物品，扩充宝宝的记忆容量，提高记忆力。

所需道具

4～6 个小物品
1 块不透明的布

步骤讲解

步骤 1：摆放物品

将准备好的物品摆放在桌子上。

步骤 2：记忆物品

请宝宝看一会儿桌上的物品，记忆这些物品。

你可以跟宝宝说："现在你的眼睛就是照相机，快来用你的眼睛给这些东西照张相，把照片存在脑袋里。"同时指指脑袋。

如果宝宝需要一些时间来记忆，你可以多等一会儿。

步骤 3：宝宝来回忆

用布将桌上的物品遮起来，请宝宝来回忆看到了什么。

宝宝每说对一件，你就从布下拿出来一件，别忘了配上你惊喜的夸赞："哇！太棒了，你说对啦！"

玩法变式

刚开始接触这个游戏时,物品的数量不要太多,以4个为宜。如果宝宝能够又快又准确地回忆起桌上物品,你可以逐渐增加玩具数量,让游戏变得更具挑战性。

一开始,你可以只让宝宝说出物品的名称,然后慢慢地增加难度,请宝宝回忆物品的颜色、形状等特征。

你可以在生活中随时和孩子玩这个游戏,例如让孩子在吃饭前看一看桌上的食物,然后闭上眼或转过身,说说都有些什么。

学点脑科学

工作记忆的容量越大,同时处理的信息就越多,处理速度也就越快。让宝宝记忆物品并进行回忆,可以扩充宝宝的记忆容量,提高记忆力。

---

3. 红萝卜,黄萝卜(3.5岁以上)

训练目的

通过简化版萝卜蹲游戏锻炼孩子的记忆力和抑制控制能力。

所需道具

大小适宜的场地

步骤讲解

步骤1：萝卜命名

三人各自代表不同颜色的萝卜,例如"红萝卜""黄萝卜""白萝卜"。

步骤2：开始游戏

从任意一人(例如"红萝卜")开始,边做蹲起动作边说"红萝卜蹲,红萝卜蹲,红萝卜蹲完黄萝卜蹲",并在自己完成时指定下一人进行萝卜蹲。

步骤 3：游戏进行

接收到自己颜色萝卜的信号后，玩家须立即跟上念口号："X 萝卜蹲，X 萝卜蹲，X 萝卜蹲完 Y 萝卜蹲。"同时做出相应蹲起动作，并继续指定下一人，如此循环。

步骤 4：游戏结束

反应慢或出错的玩家被淘汰。坚持到最后的人胜出。

玩法变式

如果孩子第一次玩这个游戏，那么可以从 2 个颜色的萝卜开始，在孩子熟练掌握游戏规则后,再增加为3人。

你可以通过改变念口令和做动作的速度为游戏增加趣味。

在孩子熟悉玩"萝卜蹲"后,可以尝试改编游戏,例如"土豆跳""白菜跑"等,让游戏变得更加有趣,变换花样地锻炼孩子的记忆力和抑制控制能力。

学点脑科学

在"萝卜蹲"游戏里,孩子需要记住自己和其他人分别对应的萝卜颜色,更具挑战性的是,在记住这些信息的同时,孩子还要对听到的特定指令做出反应并且自己发出指令。因此,这个游戏能够很好地综合锻炼孩子的工作记忆、抑制控制能力和注意力。

第3节 问题解决
孩子的大脑如何解决难题

你平时和孩子玩不玩棋类游戏?刚开始学下棋的时候,孩子每拿起一颗棋子都要在棋盘上比画好几下,才确定走哪步棋。有时候,刚落下棋子,他就发现了自己的失误,喊着要悔棋。当孩子越下越熟练时,能预判下一步的走向,赢棋的次数也越来越多。

下棋的过程就是一个典型的解决问题的过程,这对孩子的早期成长非常重要。

孩子通过感知、注意采集大量的信息后,通过记忆学习把信息存储在大脑里。当他需要处理这些信息时,他就开始解决问题了。他会思考多种可能的方案,选择特定的方案并进行验证。这个过程就是问题解决,包括前期准备、酝酿、灵感、评估与修正等阶段。

以五子棋游戏为例。首先,孩子要时刻注意棋局的变化;其次,他需要思考自己的棋有没有可能连成 5 颗,对方的棋在哪些地方有可能会连成 5 颗;最后,他要做出判断:手中的棋子应该落在哪个地方。你应该能看出来,这个过程极其考验孩子的思维能力,需要他在大脑中反复排练推演情景,找出最佳的解决方案。

从小到大，孩子会遇到各种具体的问题，小的时候是完成拼图、自己扣扣子，长大一点时是解答复杂一点儿的数学推理题。想要解决这些问题，孩子需要理解规则，在大脑中进行逻辑推理，最后进行决策，解决具体问题。

什么是理解规则？拿数学来说，当你一开始教孩子加法时，"+"这个符号对孩子来说很抽象。于是，你拿给他一块饼干，让他自己再拿两块饼干，然后将所有的饼干放在一起，让他数数有几块饼干。这个时候孩子就明白了加法的概念：哦！原来是把东西合在一起。这就是理解规则的过程。当他对抽象的规则越来越熟悉，规则的运用就变成了一种自动化的过程。数感就是在对规则理解和运用的基础上逐渐建立起来的。

推理是问题解决的又一个关键组成部分。也许有人认为自己的孩子还没有学会推理，其实孩子从很小就开始推理了。研究表明，如果从原本白球少、红球多的箱子里连续很多次抽出白球来，9个月大的婴儿会根据概率推断出这是个反常事件。所以，即使是不到1岁的宝宝也会进行概率推理。

此外，孩子需要根据自己的推理不断地进行决策，进而采取行动。面对多种可能，如何选出最佳答案呢？成人会使用推理、论证等各种策略进行决策，孩子也是一样。他会通过试错来解决问题，比如在下棋时，他会在头脑中判断棋局的变化，最后确定走哪一步。

脑认知科学家普遍认为，问题解决与大脑中的右额顶网络相关。这个网络包括背外侧前额叶皮质、额叶眼动区等重要脑区，它们负责抽象推理和计划，在问题解决过程中扮演着必不可少的角色。只是，孩子的前额叶还没有发育成熟，因而还不能进行复杂的推理和决策。

小游戏带动大能力

虽然孩子通常只能解决简单的问题，但正是在此基础上，孩子才一步步明白了生活中各种事物之间的关联。比如，孩子在反复观察中发现，自己一按墙上的按钮，房间的灯就亮了，他推断出了"按按钮和灯亮有关"；下一次，当天色太暗，他希望房间更明亮时，他就会做出按按钮的行为。

又比如,孩子发现,当自己拿起小伙伴的玩具时,对方哭了起来。这时应该怎么办呢?如果孩子的共情能力有所发展,他可能会想,小伙伴很伤心,可能是因为没有玩具玩才伤心的。该如何让对方开心起来呢?是把玩具还给他,还是给他另一个玩具,又或是和他一起玩?一种方法可能不奏效,多试几种后,两个孩子就又能一起开心地玩耍了。

所以,在解决问题的过程中,当孩子真正明白了两件事的因果关系时,日后就能够有预见性地解决类似问题了。既然如此,怎样才能增强孩子的问题解决能力呢?方法就藏在孩子的游戏里,比如建构类游戏。那些七零八散的积木经过孩子的大脑和手眼协调活动处理,变成了一件漂亮的"作品"。研究发现,建构类游戏有助于提升学龄前儿童的空间知觉、数理思考能力,对孩子未来的科学、数学学习有益。

作为家长,怎么做才能提升孩子解决问题的能力呢?下面的"纸杯数学""高高低低""一共10个"这3个游戏或许可以帮到你。

1. 纸杯数学（2.5 岁以上）

训练目的

通过点数和在纸杯中放入对应数量的物体，帮助宝宝认识并理解数字的实际意义，锻炼解决问题的能力。

所需道具

4 个纸杯（可以用其他容器代替）

10 块小积木（可以用纽扣、玻璃珠等代替）

1 支马克笔

步骤讲解

步骤 1：点数 10

将小积木依次排开，请宝宝来数数一共有多少块积木。

如果宝宝还不能手口一致地点数 10 块积木，你可以带着他一起数。

步骤 2：纸杯写数

用马克笔在纸杯上分别写上 1、2、3、4，请宝宝来读一读这些数字。

步骤 3：对应数字放积木

请宝宝依据纸杯上的数字，放入相应数量的积木，要一边放积木一边大声数出数量。

你可以带着宝宝检查纸杯中积木的数量，看看是否正确。

步骤 4：比较数量

任取 2 个纸杯，请宝宝来比一比，哪个杯子里的积木更多。

玩法变式

你可以预先在杯子里放入几块积木，然后请宝宝根据纸杯上的数字检查积木数量是否正确，如果不够的话应该增加几块，如果多了应该取走几块。

学点脑科学

这个阶段的宝宝能够手口一致地点数 5～10 块积木,并且能尝试做简单的加减。

这个游戏可以帮助宝宝认识数字的发音和顺序,理解数字的实际意义,锻炼解决问题的能力。当宝宝不仅能够点数物体,而且在数完后能说出物体的总数,还能够按照要求拿出正确数量的物体时,就表示他确实掌握了这些数字的数量含义。

2. 高高低低（3.5岁以上）

训练目的

让孩子判断玩偶的高矮，并尝试将其位置调整至相同高度，以此来锻炼其逆向思维能力和问题解决能力。

所需道具

3个高矮不同的玩偶

若干块积木（建议选择高度大小相同的积木块）

步骤讲解

步骤1：一样高的玩偶

请你在3个不同高矮的玩偶下用积木搭建"底座"，使得玩偶显得一样高。

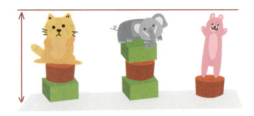

步骤2：判断高低

请孩子来判断3个玩偶哪个最高，哪个最矮。

你可以提醒孩子观察搭建的积木高低，或数数积木块，由此来判断玩偶的高矮。

之后，撤掉搭建的积木。将三个玩偶放在一个水平面上比比高矮。

步骤 3：让孩子来搭建

现在，请孩子来试试通过积木搭建让玩偶变得一样高。

玩法变式

前期为孩子准备相同高度大小的积木块进行游戏，待孩子熟练后，你可以和孩子尝试用家中的各种物品搭建玩偶的"底座"，例如家中的纸盒子、各种厚度的书，等等。

学点脑科学

孩子通过观察和比较玩偶下面的积木高度和数量，来推理玩偶的高矮排序，可以锻炼逆向思维能力、知觉推理能力和空间感知能力。

在游戏中，孩子还需要尝试自己动手来解决问题，从目标状态出发，逆向思考问题的解决方法，其中涉及多种类型的认知活动，所以可以综合地培养孩子的问题解决能力。

3. 一共 10 个 (5 岁以上)

训练目的

帮助孩子通过将扑克牌的不同点数凑成 10，掌握 10 以内数的组成和分解，提高问题解决能力。

所需道具

1 副扑克牌

步骤讲解

步骤 1：卡牌准备

从一副扑克牌中挑出所有点数为 1～9 的牌，共 36 张，去掉其他牌。

将选出的牌打乱顺序，牌面朝下放在桌子上。

步骤 2：发牌

从牌堆最上面开始，翻出 3 张，牌面朝上摆在桌子上。

游戏开始前，每人先得到 3 张牌，注意不要被其他人看到自己的手牌。

步骤 3：凑成 10

游戏开始，将自己 1 张手牌的点数和桌上 1 张牌的点数相加凑成 10，把凑成 10 的两张牌收到自己面前。你和孩子轮流做，每人每轮只能凑 1 次。

例如手牌 3 和桌上的牌 7 加起来等于 10。

若凑 10 成功，就从剩余牌堆上再拿 1 张牌作为自己的手牌。

若凑 10 不成功，则需要弃掉 1 张手牌，将弃掉的牌牌面朝上放到桌面上，作为桌面牌的补充。之后再从牌堆中拿 1 张牌作为自己的手牌。

步骤 4：胜利条件

直到牌堆中的牌全部被拿完，手牌和桌面牌的点数不能再凑成 10 时，游戏结束。

统计各自获得的牌数，数量多者获胜。

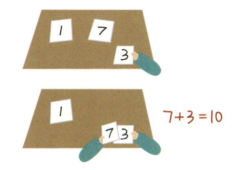

玩法变式

你还可以放开凑 10 的牌数限制，不限制几张牌，但是必须用手牌加上桌面牌凑成 10，例如用 2 张手牌和 1 张桌面牌凑成 10。

规则也可以改变成"加减等于 5",等等。

学点脑科学

问题解决和数学能力对于孩子的发展十分重要,也是孩子学习其他技能的重要基础。扑克牌是锻炼孩子数学能力的极佳工具,能够设计出多种数学游戏。通过凑数字的游戏,孩子能够掌握 10 以内数的组成和加减运算。

第 4 节 执行功能
大脑里有个优秀的指挥官

我们先来玩一个"国王说"的互动小游戏。

游戏的规则是这样的:当你听到"国王说,……"的时候,你要按国王说的做;如果在你听到的某个动作指令前没有"国王说"这三个字,你就不能做这个动作。现在咱们来试一下。

"国王说，摸摸你的鼻子。""国王说，摸摸你的耳朵。""国王说，双手交叉放在胸前。""把双手放下来。"

最后这句你做对了吗？"把双手放下来"前面可没有加"国王说"，所以你不能把双手放下来。

这个游戏规则看起来很简单，但真正参与时，你要始终记住游戏的规则，听清楚有没有"国王说"，要么正确、快速地做出国王指令的内容，要么抑制自己的惯性反应。这个过程需要你运用脑科学研究中非常重要的一项能力——执行功能。

什么是执行功能呢？当你有意识地控制自己的想法和行动时，执行功能正在发挥作用。它就是大脑里的指挥官，搜集已有的各种信息进行判断，抑制一些不合理的反应，控制人们做出有利于问题解决的行为。

这听起来有点抽象，让我来举个例子说明一下。北京首都机场是全国最繁忙的机场之一，每天都有往返于国内外不同城市的航班。假设你有机会进入监控室,你会发现,监控室的大屏幕上密密麻麻闪烁着众多小点,一个小点就代表一架正在飞行的飞机。指挥中心同时管理着上千架飞机的起降,遇上极端天气,还要及时做出调整,以保证乘客的安全。想象一下,如果这个指挥中心出错了,那将引发多大的灾难。

执行功能就好比大脑中的指挥中心,在所有需要组织、规划、决策或处理数据的工作中发挥着重要作用。它控制着我们的行为,一旦出错,就会出现各种混乱局面。

研究表明,执行功能从出生后不久开始发展,到成年早期趋于成熟。它与大脑前额叶的发展密切相关。前额叶在控制复杂的认知活动方面起着重要作用,不过在 20 岁以后才会完全发育成熟。所以,孩子执行功能的发展是一个长期过程。

在这个过程中,3 ~ 5 岁是执行功能快速增长的一个重要时期。想锻炼孩子的执行功能,你不妨跟孩子玩一些这方面的游戏,帮助孩子适应未来的发展。这些游戏难度并不算大,许多平常和孩子玩的游戏也都可以锻炼执行功能。

在孩子学识字的时候,你就可以和他玩执行功能的游戏。比如,教孩子认识与颜色有关的汉字时,为了加强记忆,你可以把"红橙黄绿蓝靛紫"这些字写在卡片上让孩子抽,抽到哪张卡片他就要大声叫出上面的字。这个是"叫字游戏"。

等孩子认识了这些汉字之后,你就可以换一种形式了。比如,你可以用彩笔重新写下这些汉字。注意,彩笔的颜色要和字所表示的颜色不同,例如,用蓝色的笔写"红"这个字。

再让孩子抽取字卡的时候,你需要向他说明规则:"这回,你要快速叫出字的颜色,而不是卡片上的字喽。"例如,当他抽到"红"这个字卡时,要说出"蓝",因为这个字是用蓝色写的。这就比较有趣了,也更有难度了。从"叫字"变成"叫色"时,孩子要根据新的规则调整自己的行为,做出符合当下规则的正确举动。刚开始,孩子可能难以抑制住"叫字"的冲动,但慢慢地就会表现得越来越好。

你们还可以交替着玩"叫色游戏"和"叫字游戏",最后,所有这些汉字都能被孩子掌握得滚瓜烂熟。

在这个过程中,孩子要想顺利说出正确的结果,就需要完成指令的快速切换,根据规则灵活调整自己的答案,抑制混淆的表达,这非常锻炼他的执行功能。

用游戏提升执行功能

孩子很小的时候,可以与他一起按照规则找物品。比如,请宝宝找一找家里的红色物品、圆形物品、三角形物品。不断变更规则,能够锻炼宝宝的思维灵活性。

孩子再大一点时,你可以跟他一起玩"大西瓜小西瓜"之类的游戏。孩子需要按照规则控制自己的动作,你说"大西瓜"的时候,他要用手比画出一个小西瓜,你说"小西瓜"的时候,他要比画出大西瓜。长时间的自我控制可不是一件简单的事情,同时对两种信息做灵活转换,我们大人有时候也不一定能做到呢。

另外，别忘了运动的重要性。你可以和孩子一起玩球类游戏。孩子在游戏中需要集中注意力，观察球的变化，快速地调整自己的动作，这对他的执行功能是不小的挑战，所以你要多和孩子进行体育运动。

执行功能好的孩子能够有效地控制自己的行为，灵活解决新问题。那么，可以通过什么方式帮助孩子锻炼执行功能呢？下面的"搞怪机器人""参见国王""白天黑夜变变变"这 3 个游戏或许可以帮助到你。

1. 搞怪机器人（3岁以上）

训练目的

孩子喜欢玩角色扮演吗？不如这次就来扮演一个搞怪的机器人，在游戏中增强孩子的执行功能。

所需道具

1张机器人的图片

步骤讲解

步骤1：热身运动

带孩子做做热身运动，蹲下去、站起来、拍拍手、跺跺脚，全身都动一动。

步骤2：进入情境

给孩子看机器人的图片，讨论机器人的特性并描述游戏，例如："机器人可以按照指令行动，但它偏偏爱搞怪，让它蹲下去，它偏要站起来，让它拍拍手，它偏要跺跺脚，让它不要动，它就浑身乱扭，还摆出各种搞怪姿势！今天我们就玩个假装搞怪小机器人的游戏。"

步骤3：游戏开始

你来说指令，请孩子当小机器人，做出与指令相反的动作。

例如，你喊"蹲下去"，孩子就站起来或保持站姿；你喊"不要动"，孩子就随意地动来动去。

步骤 4:孩子来指挥

轮到孩子来发布指令,你来做机器人。

你可以随意发挥,做一些搞怪的动作和姿势,逗孩子哈哈大笑,爱上这个游戏!

玩法变式

初次接触"搞怪机器人"游戏的孩子需要花时间来熟悉游戏规则。所以,如果孩子慢半拍,你也不要急,保持愉快的心情多多为他示范,他慢慢就摸出门道了。

你可以先让孩子来指挥,你来做相反的动作反应,让孩子逐渐熟悉游戏,再交换角色。

当孩子发布指令,你来做动作时,你可以适当装傻:抓耳挠腮、不知所措,请孩子帮你出主意。

学点脑科学

你说"拍拍手",我偏"跺跺脚"!

这需要孩子运用抑制控制能力抑制住跟着指令做的冲动,做出相反的动作。

人生的前 6 年是抑制控制能力发展的重要时期,所以多跟孩子玩这类"反着做"游戏,让孩子的抑制控制能力在游戏中轻轻松松得到锻炼。

2. 参见国王（4岁以上）

训练目的

根据不同的扑克牌面做出不同的动作，提高孩子的注意力，锻炼执行功能。

所需道具

1副扑克牌

步骤讲解

步骤1：认识"J""Q""K"牌

将扑克牌中的"J""Q""K"牌分别挑出，和孩子聊聊这些牌的名称和图案区别，确保孩子能区分它们。

步骤2：平分扑克牌

将整副牌打乱顺序，按人数平分，每人一叠。

不要看牌，将牌面朝下扣在自己面前。

步骤3：进行游戏

按顺时针方向，玩家依次轮流翻牌，将自己那一叠牌中最上面的一张牌牌面朝上放在桌子中间。

当翻出"J""Q""K"牌时，快速做出相应动作，如下图所示。

当出现"J"时，快速举起双手。

当出现"Q"时，双臂交叉抱于胸前。

当出现"K"时，抬手敬礼。

第一个做出正确动作的人,赢得桌上被翻出的牌。

如果自己的牌全被赢走了,则淘汰出局。坚持到最后的人胜出!

玩法变式

初次接触这个游戏时,你可以先和孩子在正式游戏前练习几次,熟悉动作。

你还可以和孩子为不同的牌设定不同的游戏动作,例如看到"A"时比"2"的手势,等等,和孩子进行比赛,看谁赢取的牌更多。

学点脑科学

如果我们想完成某些目标,就需要动用一些高级的认知功能去克服困难或者执行任务,这些高级认知功能就是执行功能。

执行功能就是我们大脑的指挥中心,让我们专注于面临的任务,抵制分心和冲动,帮助我们计划和组织信息,从而做出判断、解决问题。这一过程是对思想和行动进行有意识控制的心理过程。

在这个游戏中,孩子需要快速辨别"J""Q""K"牌面的区别,做出指定的相应动作,从而锻炼注意力、工作记忆力以及认知灵活性。

3. 白天黑夜变变变（4岁以上）

训练目的

看到"太阳"说"黑夜"，看到"月亮"说"白天"，让"白天"和"黑夜"变一变，通过游戏提高孩子的抑制控制能力。

所需道具

若干支彩笔
6张空白卡片

步骤讲解

步骤1：卡片绘制

请你和孩子一起绘制卡片。在象征白天的卡片上分别画上"太阳""云朵"和"小朋友在做游戏"的图案，在象征黑夜的卡片上分别画上"月亮""星星"和"小朋友在睡觉"的图案。

在画画过程中与孩子分享卡片上的内容，讲一讲哪些事物在白天发生，哪些会发生在夜里。

确定孩子将"太阳""云朵""小朋友做游戏"和白天联系到了一起，将"月亮""星星""小朋友睡觉"和夜晚联系到了一起。

步骤2：讲解规则

对孩子说，你们今天要玩一个"白天黑夜变变变"游戏。

看到"太阳""云朵"和"小朋友在做游戏"的图案时，就要大声说"黑夜"。

看到"月亮""星星"和"小朋友在睡觉"的图案时,则大声说"白天"。

谁先答对就获得卡片,抢答错则对方获得卡片。

步骤 3:摆放卡片

把卡片图案面朝下,打乱顺序摞成一摞放在桌子上。

步骤 4:翻卡抢答

你和孩子依次翻卡,看到卡片上的图案后,快速抢答。

卡片全部翻完后,清点自己手中的卡片,获得卡片数量更多者胜出。

玩法变式

你可以在游戏中适当装傻，假装一时答不上来，或是故意抢答错。发挥你的表演功力，逗孩子哈哈大笑，让孩子有机会获胜，他会更有自信地继续跟你"一较高下"。

你可以和孩子一起发挥想象力，继续扩充游戏卡包，比如增加小动物白天活动和晚上休息的不同卡片，等等，让游戏内容越来越丰富。

学点脑科学

这个游戏需要孩子抑制语言反应的惯性，说出与图片相反的内容，反映的是孩子的抑制控制能力。

学前阶段是孩子抑制控制能力发展的重要时期，考虑到儿童早期抑制控制能力和神经可塑性的重要性，对孩子进行抑制控制的训练非常重要。

第 2 章

语言脑

**如何更好地对孩子
进行语言启蒙**

第5节 语言理解
短短两年，孩子就能理解一门语言

在听一门陌生的语言时，你能听到一些声音，但它们对你来说是无意义的，在大脑中就像一团乱麻，无法编码。

想象一下，这和初生婴儿学习语言的经历是不是很像？起初，你对着孩子滔滔不绝，但他可能完全不知道你在说什么。为什么短短两年后，孩子就能理解一门语言，并且能够进行简单的回应沟通了呢？这中间发生了什么？

与人交流时，我们首先需要理解别人的意思，这种能力就是语言理解能力，它包括了辨音、理解语义、理解语法信息并结合环境做出判断。

比如，在孩子还不认识猫时，你指着一只猫对他说："这是猫。"这时，孩子语言理解的过程就在大脑中启动了。

辨音是语言理解的第一步，孩子需要把听到的三个字"这""是"

"猫"转化为语音编码。接下来，孩子在头脑中搜索符合这个语音的字词，试着理解句子的含义。被选中的字词会激活孩子头脑中已有的"主谓宾"语法信息。然后，顺着你手指的方向看去，他就知道了，"哦，眼前有只尖耳朵、长尾巴的小动物，妈妈说它是猫"。

这个过程听起来是不是挺复杂？理解陌生的语言的确不容易，幸亏我们的大脑为此做足了准备。

认知科学家史蒂芬·平克（Steven Pinker）认为，语言习得能力就像一个预先存入大脑中的软件包。也就是说，人类先天就有语言习得的能力。

孩子一出生就开始学习理解语言了。3岁以前，大脑颞叶能帮助孩子理解听到的短语。比如听到"小狗咬姐姐"后，在短短几毫秒里，孩子已经无意识地把声音变成了音节和短语，并明白了这句话的意义。3岁之后，孩子的左侧前额叶被激活，并参与到复杂的语言信息整合过程中，并且与颞叶的合作不断增强。大约7岁以后，孩子就能理解语法结构复杂的句子了。

孩子是怎么学习语言的

大脑为孩子的语言学习提供了支持。具体来看，孩子是如何理解陌生字词句的呢？

其实，在语言学习的最初阶段，孩子就对事物名称形成了一些默认的前提假设，这种现象你可能已经观察到了。比如：

当你指着猫对孩子说猫的英文单词"cat"时，他会默认"cat"是猫这个整体，而不是猫的颜色，这就是"客体整体假设"。

如果孩子已经知道猫的英文单词，但还不知道狗的英文单词"dog"，那么当你在猫和狗中让他指出"dog"时，他会指向狗，这符合"相互排他原则"，也就是说，在听到陌生词汇时，孩子会自动筛除熟悉的物体，把新鲜词和陌生物体对应起来。

这些神奇的"设定"为孩子的语言理解提供了"快捷键"，极大便利了孩子的语言学习。

你可能要问了，单个词语是这样学习的，那复杂一点的句子又是怎么学习的呢？说到这里，就不得不提起孩子强悍的统计能力了。

即使在什么也听不懂的情况下，孩子也能从完全陌生的句子中统计出最常见的词语搭配。比如，你和家人经常对孩子说"妈妈爱你""爸爸爱你""妈妈要上班了"……从这些句子中，孩子就统计出"妈妈"是一个词，"爸爸"是另一个词。

你和孩子进行语言交流的时候，他的大脑就在不停地做统计。这种统计能力可能连最先进的机器人都没法与之相比，毕竟机器人需要连接巨大的数据库，孩子却能直接开始从无到有的学习。

语言是孩子思考、学习、社会交往的重要工具。0～6岁是语言发展的重要时期，怎样帮助孩子更好地理解语言呢？下面的"童谣里的宝宝""小手张开，小手握拳""从头到脚玩童谣"这3个游戏或许可以帮到你。

1. 童谣里的宝宝（1岁以上）

训练目的

童谣节奏感强、有韵律，深受宝宝喜欢。有一类童谣是描绘宝宝生活日常的，适合在相应的日常生活场景中哼给宝宝听，帮助宝宝快乐又轻松地提升语言理解能力。

步骤讲解

步骤1：引入童谣

在一个恰当的时机，把童谣哼给宝宝听。比如你给宝宝穿衣服的时候，可以哼这首《穿衣歌》。

小胳膊，穿袖子
穿上衣，扣扣子
小脚丫，穿裤子
穿上袜子穿鞋子

一边穿一边哼，穿到袖子，就哼"小胳膊，穿袖子"，可以重复哼几遍。

步骤2：向宝宝解释童谣

捏捏宝宝的胳膊说："这是宝宝的小胳膊。"再拉拉衣服袖子说："这是衣服的袖子。"把宝宝的胳膊套进衣服袖子里，哼"小胳膊，穿袖子"。

帮助宝宝把你说的句子与他的所见所闻在意义上联系起来。

步骤 3：鼓励宝宝做动作

上面的步骤重复很多天、很多遍之后,宝宝就熟悉这首童谣了。

你可以鼓励宝宝根据童谣提示做动作,配合你穿衣服。比如你哼"小胳膊,穿袖子"时,就鼓励宝宝自己把胳膊伸进衣服袖子里。哼"小脚丫,穿裤子"时,就请宝宝自己把脚伸进裤腿。宝宝如果理解你所哼的童谣句子,就会乐于配合你的。

玩法变式

有许多童谣都是由宝宝当主角,描绘宝宝日常生活的。你可以留意搜集这类童谣,在恰当的时候哼给宝宝听,让宝宝更容易理解。

下面是两个例子:

- 小宝宝,起得早,睁开眼,眯眯笑,咿呀呀,学说话,伸伸手,要人抱。

- 一只手,拉爸爸,一只手,拉妈妈。小娃娃,上台阶,台阶高,他不怕。爬上台阶笑哈哈。

注意事项

- 和宝宝玩这个游戏时,不必拘泥于步骤顺序,可以根据宝宝的反应选择合适的步骤。
- 宝宝现在还没办法唱童谣,鼓励他用动作表达情绪或跟念尾韵的音节,都能提高他的参与感。

学点脑科学

从只会发出哭声到能够比较自如地用语言表达自己,宝宝语言能力的发展经过辨音、组词、造句等阶段的学习和练习,要花上好几年时间。

童谣在一个简短的文本结构中,高频次地重复一门语言中的某些音节,注重押韵,给宝宝提供了练习辨音和发音的好机会。把童谣融入生活,能帮助宝宝更好地理解语言。

2. 小手张开，小手握拳（2.5岁以上）

训练目的

哼唱英语童谣，请宝宝做相应的动作。宝宝练习理解简单的英语指令，感受英语的韵律美。

步骤讲解

步骤1：熟悉童谣

游戏开始时，你坐在地板上，让宝宝坐在你对面，你给他哼唱关于拍手的童谣。

Open, shut them
Open, shut them
Give a little clap, clap, clap
Open, shut them
Open, shut them
Put them in your lap, lap, lap

在哼唱的过程中请注意强调节奏。

你还可以拉着宝宝的手，一起随着童谣的节奏轻轻摇晃，让宝宝感受韵律。

步骤 2：给孩子示范动作

你可以一边哼童谣，一边根据童谣的内容做动作。

先把两只手都举到头顶，向宝宝摆一摆手；

哼到 open（张开）的时候，大大地张开五指；

哼到 shut them（合上它们）的时候，把手握成拳；

哼到 clap（拍）的时候，拍拍手；

哼到 put them in your lap（把它们放到你的膝盖上）的时候，把手收回来，放到膝盖上。

在这个过程中，鼓励宝宝模仿你的动作，跟着你哼这首童谣。

步骤 3：和孩子一起用动作演童谣

你一边哼童谣，一边根据童谣内容做动作。同时让宝宝跟你一起做。

一开始的时候，速度慢一点，哼一句并做好动作之后，等着宝宝也做好动作，然后你再往下念，即使找不到节奏也没关系。

当宝宝熟练一些之后,就可以加快速度了。你们两个比一比,看谁做得又快又准。

玩法变式

当宝宝能熟悉地哼这首童谣之后,你们就可以轮流互相"出题"了。一个人说指令,另外一个人做动作。

你出题的速度越来越快,宝宝的反应速度也要越来越快,这挺有难度的,试试看吧。

注意事项

- 注意观察宝宝的动作。如果宝宝跟不上,你就慢点儿哼童谣。
- 鼓励孩子跟着你哼唱,音调不准没有关系,发音不准也没有关系,只要他愿意开口就很棒。

学点脑科学

有人会担心:孩子早早学习外语,外语会不会和母语互相干扰?

不会的。

如果孩子从小同时学习双语,那么两种语言在他大脑里的表征区是网状交织在一起的,就像马赛克一样。但假如成年后才开始学习第二外语,母语和外语的表征区就是分开的,有着清晰的边界。假如你不经常使用外语,这条语言边界就会开始模糊,母语表征区会侵蚀外语表征区,从而表现出外语能力的退化。

学习外语时,背出来不如玩出来。这里的"玩"指的是家长和孩子之间丰富的互动。玩出外语能力就是在生活中学外语。在面对面交流中,孩子不仅能记住一个个单词,而且能自然地掌握大量相关的信息,比如某个单词的用法,特别是使用语境。

孩子语言的习得是被他所处的环境塑造的,环境每天都给他大量的语言类刺激,他大脑中的语言中枢被这些刺激所塑造。给孩子哼唱英语童谣,打着节拍给他念英语单词,都是不错的亲子游戏。这些游戏利用孩子喜欢节奏感的天性,让他们很自然地就接受了英语声音的刺激。

3. 从头到脚玩童谣（3岁以上）

训练目的

哼唱一首与身体部位有关的童谣，帮孩子通过动作理解相关词汇，鼓励孩子加快动作来提高运动能力。

步骤讲解

步骤1：熟悉童谣（以《头发肩膀膝盖脚》为例）

游戏开始时，你坐在地板上，让孩子坐或站在你对面，你给他哼唱童谣。你还可以拉着孩子的手，随着节奏轻轻摇晃，让孩子感受到韵律。

头发肩膀膝盖脚
膝盖脚
膝盖脚
头发肩膀膝盖脚
眼睛耳朵鼻子嘴

步骤2：用动作告诉孩子身体部位词汇的含义

你可以坐着或站起来向孩子示范。一边哼唱，一边根据内容轻轻触摸自己相应的身体部位。比如：

头发（双手轻轻拍头），肩膀（双手轻轻拍肩），膝盖（双手轻轻拍膝

盖)脚(双手轻轻拍脚),膝盖(双手轻轻拍膝盖)脚(双手轻轻拍脚)

在这个过程中,鼓励孩子模仿你的动作,跟着你哼唱。

步骤 3:与孩子一起指认身体部位

你一边唱,一边根据内容做动作,同时让孩子跟你一起做。

一开始的时候,速度放慢一点,等到孩子也指好身体部位,你再哼唱下一个词,即使找不到节奏也没关系。

当孩子熟练一些之后,你就可以加快速度了。你们两个比一比,看谁做得又快又准。

玩法变式

当孩子已经非常熟悉这个游戏之后,你可以随机改编一下童谣,比如混入一个其他身体部位的词,看看孩子能否听出来。偶尔加入小意外,会让游戏更欢乐。

注意事项

- 需要摸眼睛的时候,注意提醒孩子先闭上眼睛,以防他的小手戳到眼睛。
- 注意观察孩子的动作。如果他跟得上,你可以保持并加快速度,增加挑战性,让游戏更有趣;如果跟不上,你就放慢点。

学点脑科学

孩子吐字发音不清晰,不代表理解力也不行。6岁前的孩子能理解意思的事物数量是他能表达的词汇量的两倍以上。

肢体动作可以连接孩子的语言和理解。在孩子接触词汇时增加肢体动作,可以帮助他们理解、记忆和表达。

第6节 语言表达
伶牙俐齿与金口难开

孩子语言表达能力发展的个体差别很大。有的孩子"伶牙俐齿",有的孩子却"金口难开"。我们收到过很多类似的提问,比如:"邻居家的同龄小朋友都会背唐诗了,我们家孩子还是嘟嘟囔囔的,说不利索,真叫人着急。"

每当这时,我们都会安慰家长先别着急。要想回答这个问题,先得从语言表达的内涵说起。

简单来说,语言表达是用口语、文字和肢体动作把思维表达出来。婴儿出生后,虽然只能用哇哇大哭和发出"咿咿呀呀"的声音来表达需求,但这些都是语言表达的前身。

宝宝从听懂到能说,一般要经历"语言理解"和"语言表达"两个过程。

宝宝对语言的理解力从出生后不久就开始发展了。在一个良好的环境中，孩子理解词汇、句子的速度比学习第二外语的成人快很多。语言的表达则是另一回事。在理解了大量语言信息的基础上，孩子才可能进行语言表达。1岁左右的语言表达表现为一个字一个字（比如"吃"这个常用字）地往外蹦；后来孩子开始说词组，每次像发电报一样，比如"吃苹果"；这种阶段又慢慢转变成使用简单的句子，乃至复杂句。语言表达迟于语言理解发展，而且个体差别特别大。

所以，如果宝宝只是不会说话，但听得懂别人讲话，而且其他反应都很正常，家长就不用太担心。不过，如果你的宝宝已经2岁了，还听不懂一些简单的、你在日常生活中常用的表达，比如"抱抱"，在听到你说简单的指令，比如"过来""亲亲妈妈"时，他也没有反应，你可能就需要去医院或者咨询专业人士，排除一下听力、语言发展等方面可能存在的问题了。

读到这里，你大概明白了孩子语言发展的阶段性特点。那么，当我们说话时，我们的大脑内部究竟发生了什么呢？

在一个早期的经典模型中，著名神经学家卡尔·威尔尼克（Carl

Wernicke)把大脑中主要的语言通道分为语言理解的通道和语言表达的通道。在语言表达的通道中,通常位于左侧大脑的布洛卡区(Broca's area)被认为是说话中枢。布洛卡区位于大脑皮质额下回后部,负责语言讯息的处理和话语的产生。如果这个区域受损,患者在语言理解方面不会出现问题,但无法正确地表达思维,只能像发电报一样说出短而断续的话语。

之后的研究显示,语言表达涉及的神经网络不仅仅是布洛卡区。脑认知科学家发现,在语言表达的过程中,被激活的脑区不仅仅有布洛卡区,还有威尔尼克区(Wernicke's area)。威尔尼克区损伤后,患者说话时语音与语法均正常,却不能分辨语音和理解语义。

简单来说,就是布洛卡区主管语言表达,威尔尼克区主管语意理解。

培养能说会道的孩子

孩子的语言能力可塑性强,如何抓住机会提升孩子的语言表达能力呢?

对于宝宝来说,要先找准他的兴趣点,多用语言描述事物。比如,当宝宝想玩吹泡泡时,可能会说"pu-pu-pu"。这时,你不用急着纠正他,可以放慢语速说:"泡泡,泡泡,宝贝想玩吹泡泡了。"在吹泡泡的过程中,你可以说:"泡泡好大啊,泡泡飞起来了。"用语言描述宝宝在做的事情,吐字缓慢清晰,语言的复杂度比宝宝现有的语言水平稍高一点。

如果孩子尚处于牙牙学语的阶段,你可以教他说他喜欢的物品名称。如果孩子能表达一个词,你就教他动词短语。如果孩子能说简单的句子，你就扩展句子的长度，提升对话的质量。具体怎么提升呢？当孩子说"吹泡泡"时，你可以在孩子表达的基础上做扩展，说"宝宝喜欢吹泡泡，五彩的泡泡满天飘啊飘，妈妈和宝宝都好开心"；你也可以让孩子给你描述一下泡泡是什么样子的。孩子起初说不了特别多，但在你的提示下，他会越说越顺畅。

能清楚表达只是第一步，要想语法正确、符合语境，孩子需要在学前阶段多加练习。比如，上幼儿园后，孩子要开始说"请""谢谢"等礼貌用语；讲故事时，要能按照要求讲出基础情节更加复杂、更加生动的内容。

宝宝学说话时，你是他身边最重要的老师之一。高质量的对话能够帮助孩子快速提升语言表达能力，具体怎么做，下面的"宝宝，你想买什么？""话影子""我爱我家"这3个游戏或许可以帮到你。

1. 宝宝，你想买什么？（2岁以上）

训练目的

用家里的物品搭一个小超市，宝宝来当顾客。他需要说出自己想买的东西的名称。在"购物"的过程中，宝宝的语言表达、肢体动作表达能力得到锻炼。

所需道具

家里现有的玩具及生活用品

比如：球、小汽车、毛绒小熊、水杯、勺子等

步骤讲解

步骤1：摆好货物

和宝宝一起把"货物"摆放好，放在地板上或椅子上都行。

你们一边摆，你一边向宝宝解释游戏规则："假装这是一个超市。你想要什么，就告诉我，我拿给你。我们把小汽车放在这里，把球放在小汽车旁边……"

步骤2：小顾客来啦

现在，你当售货员，请宝宝当顾客。问一问："宝宝，请问你想要什么？"

宝宝要说出他想买的东西，比如"要车车"。

你肯定宝宝的回答，再帮他扩展一下："好的，你想要一辆小汽车。给你。"

步骤3：多和小顾客交流

你可以跟宝宝进行更多对话："你想要什么样的小汽车？我这里有两辆呢。"鼓励宝宝多描述。

宝宝可能说"大车车""红车车"，等等，提出更明确的要求。或者宝宝不会说形容词，就直接用手指，这时你需要帮助他说出完整的句子："好嘞，宝宝想要那辆红色的小汽车，给你。"

你也可以故意拿错物品，鼓励宝宝用语言或手势重新表达他的要求。

步骤4：结账

宝宝选好了东西，你带着他假装结账。比如用手当卡，在桌面上按一下，说："嘀——刷卡成功！"这一轮游戏就结束了。

如果宝宝想继续玩，那就请他再挑一样东西，从第2步开始重复以上步骤。

玩法变式

如果宝宝的独立表达能力还不够好,你可以给他出"选择题",问问宝宝:"你想要红色小汽车,还是蓝色小汽车?"

如果宝宝语言能力非常好,你可以和他交换角色,由你来当顾客。你说出想买的东西,提出很多要求,让小售货员来满足你。比如:"我想要金色小汽车,有吗?""这辆红色小汽车,有什么特点啊?好玩吗?好玩我就买。"

总之,多鼓励孩子开口表达。

注意事项

- 不要用尖锐、易碎的物品当货物,它们可能伤到宝宝。
- 平时多和宝宝对话。实验研究表明,与"喋喋不休"的妈妈一起生活的宝宝,会更快学到更多口头交流的技能。
- 有意识地帮助宝宝扩充说话的句子成分,扩展句子长度,让他们学习使用更丰富的语言。

学点脑科学

"选择题"是一种巧妙帮助孩子提高语言能力的方法,日常生活中可以多多使用。作为一种有效的沟通方式,它能够引导孩子快速、直接且具体地表达需求。比如,你问宝宝"你想玩小熊还是小鸭子"时,宝宝能够快速判断并且回答"小熊"。

"选择题"还能够拓展孩子理解和表达的词汇量。以这个游戏为例,如果宝宝想要小汽车,你可以把握机会接着问:"你想要大车还是小车?""你想要蓝色的车还是红色的车?"通过问题提示和肢体语言,宝宝可以进一步理解"大""小""蓝""红"等形容词,并在回答问题时表达出这些词语。

2. 话影子（2.5岁以上）

训练目的

影子永远跟着你，有时长、有时短。当你说完一个句子，宝宝立刻跟着说一句，可以慢，可以快，就像你的话影子一样，是不是很有趣？这个过程锻炼了宝宝的语言表达能力。

步骤讲解

步骤1：学宝宝说话

宝宝说话的时候，你故意学他。

宝宝说"妈妈，小狗在跑"。

你也说"妈妈，小狗在跑"。

重复几次，宝宝就会发现你在故意逗他玩。

步骤2：学宝宝说话

宝宝明白"重复别人的话"这种玩法之后，你就邀请他来重复你说的话。

"然后我来说，宝宝学，好不好？"

调皮的宝宝可能连你邀请他的话都学："我来说，宝宝学，好不好？"

步骤3：扩展句子

宝宝会重复你的话了，现在开始做句子扩展。在宝宝已经掌握的句子的基础上，增加一两个词。

比如，你说："一只小花狗，汪汪叫。"

宝宝也说："一只小花狗，汪汪叫。"

你再说："一只小花狗，对着宝宝汪汪叫。"从而帮助宝宝练习说更高难度的句子。

注意不要一下子扩展太多，让宝宝根本重复不下来，那样他会失去兴趣。

玩法变式

玩腻了单纯模仿,就换一换方式,比如变化语速。

还是由你先做示范。在宝宝说话之后,重复他的话,不过这次要先故意加快语速重复一次,再减慢语速重复一次。

这个方法也很适合用来练习说英语。

学点脑科学

宝宝会用3～5个词组织成简单句子,能与大人进行简单的交谈,还总爱问"这是什么"……这反映了他在语言发展上的进步,也意味着他开始具备独立的思考能力了。

宝宝的听觉分辨能力和发音器官调节能力还比较弱,玩"重复别人的话"游戏,利用宝宝爱模仿的特点,可以帮助宝宝练习听力和发音。

3. 我爱我家（5岁以上）

训练目的

陪孩子画一画、聊一聊你们的家，不仅锻炼孩子的语言表达能力，还能增进亲子感情。

所需道具

1张白纸
几支画笔

步骤讲解

步骤1：介绍活动主题

和孩子一起取出纸和笔，请孩子画一画"我的家"。

如果孩子不知道如何下笔，可以先和孩子聊一聊，"家是什么样子的""家里有什么""你最喜欢家里的哪个地方""家里有谁""爸爸妈妈是什么样子"，等等。

让孩子从空间、物品、人物等各方面说一说对"家"的印象，然后请孩子根据印象画画。

步骤2：家里的空间[一]

画一画家里的布局或是孩子最喜欢的空间，比如客厅、他的卧室。

鼓励孩子说一说画的是哪里，这儿是什么，那儿是什么，增强孩子的

[一] 小提醒：下面的步骤不必按照顺序依次完成，也不必全部完成。关键是鼓励孩子在画画的同时用语言表达，讲述画和画无法呈现的事物。

空间意识和对空间的表达能力。

步骤 3：家里的物品

画一画家里的物品，比如孩子印象最深刻或最喜欢的、能代表家的物件或家具。

鼓励孩子说一说，这些物品的外观是什么样子，他为什么喜欢这些物品，使用这些物品时有什么感受，等等。一方面要观察描述事实，另一方面要表达情感。

步骤 4：家里的人

家之所以成为家，一定是靠家人维系起来的。请孩子画一画家庭成员吧，当然也包括他自己。

请孩子说一说每个人的特点，讲讲能反映某个特点的一件小事。

玩法变式

请孩子想象，如果邀请一个朋友第一次来家里玩，怎么带他参观呢？你们可以画一幅地图，让孩子标明自己家的位置，以此锻炼他的空间能力。

再想象一下，朋友上门之后，要怎样招待朋友呢？你们可以玩过家家游戏，你假装成来访的朋友，从进门打招呼开始，与孩子一一"演练"倒水、一起玩、吃东西、道别等环节，锻炼孩子的社会交往和语言表达能力。

学点脑科学

语言表达是指用语言的各种形式来表达自己想要传达的讯息，这些形式不仅限于说话，也包含手势、文字等。五六岁的孩子说话时使用的词句在长度和复杂性上都会突飞猛进。他会逐渐喜欢上与别人进行深度的交谈。这种交谈是孩子学习与外界交流、建立关系的重要媒介。

画"我的家"考验的不只是孩子的语言能力，也包括孩子的记忆提取能力，他需要回忆家里的空间布局，回忆过去发生的事情。

孩子在生活中遇到的大大小小的事，你都可以鼓励他讲出来。你也可以让孩子描述一幅画、一本绘本、一集动画片。当孩子把输入信息转换成输出信息时，他的大脑需要把听到和看到的一连串事件用一种有意义的方式重新串联起来。

第 7 节　阅读准备
如何让孩子从小爱上阅读

你身边有没有嗜书如命的人？你看剧或玩游戏时，他在一旁看书，而且看得津津有味。对他来说阅读仿佛是世界上最美好的事情之一。如果你问他为什么这么爱阅读，他通常会告诉你，"没有为什么，从小就喜欢啊"。

你一定希望自己的孩子也能从小爱上阅读。这几年，绘本在国内十分畅销，很多家长在家里囤了一大堆书。书的数量多当然好，但高质量的亲子阅读更重要,因为这是培养孩子爱上阅读最重要的方法之一。

为什么这样说呢?这又要回到我们的大脑上来。

先请你看一行字:

你,一会看我,一会看云。——顾城,《远和近》

你有没有意识到自己花了多长时间看完这行字?你用目光扫视完这句话,大脑几乎不费吹灰之力就能提取出每个字或词的发音和含义,并在很短的时间内理解了诗人想要表达的意思,整个过程可能不超过3秒。为什么我们的眼睛能够高速运转,将一个个字符在大脑中快速转化并迅速理解其含义呢?

仔细想想,你就会发现人类高效的阅读机制是多么奇妙。大脑能够对一个句子中所有字的字形并行加工,并迅速地从条目海量的心理词典中找出对应的文字。这部虚拟的心理词典存储着词形、语义和句法等信息。和你书架上摆放的词典不同的是,心理词典中被遗忘的信息会消失,新近学习的内容会被自动收录。

脑认知科学研究证实，大脑颞叶和额叶分别负责对声音和意义进行编码。这些区域在阅读中起着重要作用。它们会在 0.2 秒内（这个时间短到还来不及产生有意识的知觉）自动响应书面文字，并识别出文字符号。

当孩子步入小学阶段时，他的大脑已经能应对字词的识别活动了。而这一切得益于亲子阅读在学龄前阶段帮孩子做好的准备，让他能够快速地通过语音通路将字转化成语音，然后通过语义通路从心理词典中提取语义。

什么是阅读准备呢？在孩子还不能独立阅读时所进行的与阅读有关的一切活动都是阅读准备，包括早期阅读和识字，也就是对内容意义和书面文字的理解尝试。对 0～6 岁的孩子来说，理解内容更为重要。

你给孩子看色彩丰富、生动形象的图画，给他讲故事、读绘本时，都是在做阅读准备。它们的目的不在于增加孩子读书的数量、识字量，而在于让孩子喜欢上阅读，增强孩子口语表达和语言理解的能力，发展阅读准备技巧，从而在阅读的同时学习汉字，形成阅读习惯。

三个高效阅读方法

并不是在家里囤上许多书，孩子就会自动喜欢上阅读。要想让孩子形成阅读习惯，你的早期阅读引导很重要。不同年龄段的孩子需要不同的引导方法，具体怎么做，可以参考下面三个方法。

第一个方法是在孩子很小的时候多陪他"玩"书。

通常有家长会问，什么时候可以让孩子阅读？答案是"晚一点不如早一点"，阅读可以很早就开始。

孩子很小的时候，先给他创建一个资源丰富的阅读环境，并选择配有插图的童谣集或者可以"玩"的书，比如用不同材料做的触摸书、打开之后出现房子或小山的立体书，边看边给他讲故事。

这个阶段的孩子虽然不太明白你在讲什么，也无法和你充分互动，但他通过听和看接触了丰富的词汇，提高了认知能力，积累了阅读经验，阅读水平也会提升得更快。

第二个方法是互动式阅读。

所谓互动式阅读就是，不只是你读书给孩子听，也要让孩子听完故事之后复述给你听。互动式阅读对阅读能力的提升是有研究支撑的。2003年，香港中文大学的研究者对3所幼儿园的小朋友进行了对比研究，他们把小朋友及其家长分为3组，一组进行互动式阅读，一组进行阅读但不互动，还有一组是控制组，也就是未接受任何实验干预。结果发现，进行互动式阅读的孩子，其阅读能力得到了最大限度的提高。

在阅读的过程中，引导孩子观察插图，讨论相连插图之间的关系，帮助他梳理故事的逻辑，并通过提问和互动引导孩子预测故事的后续发展。这样能够帮助孩子将已有的经验知识和图书内容结合起来，增强他的理解能力。

第三个方法是帮孩子建立字形意识。

等到孩子有了一定的阅读基础后,你可以慢慢帮孩子建立识字的字形意识。

你可以给孩子指读,也就是一个字一个字地用手指给孩子看,同时读出声来。指读的好处就是强化了孩子的字形意识,引导他去关注字形辨别和语音辨别,建立将汉字与音节对应起来的能力。在指读的过程中,孩子会发现,字和字样子不一样,发音不一样,意思也不一样。有了字形意识,他才开始慢慢发展出区分和记忆不同字的能力。

还有一种识字方式是用做游戏的方式带孩子认字,将形音义联系起来,促使孩子主动表达和使用心理词典里的常见字。

你有没有听说过"马太效应"?这个效应指的是强者愈强,弱者愈弱的现象。

其实,"马太效应"也存在于阅读中。认知科学家基思·斯坦诺维奇（Keith Stanovich）通过研究发现，小时候就喜欢阅读的孩子会越来越喜欢阅读，阅读能力会越来越强，也能从书里得到更多有用的信息。反之，如果孩子到了小学中年级还不喜欢阅读，他以后可能也不会太善于阅读，还可能遇到更多的学习问题。

你希望自己的孩子身上发生怎样的"马太效应"？怎样培养孩子的阅读习惯？下面的"无处不在的阅读""转转找不同""我的阅读记录卡"这 3 个游戏或许可以帮到你。

1. 无处不在的阅读（3.5岁以上）

训练目的

出门在外，手边没有书，孩子可以读什么？当然是随时随地读标牌啊。在路上、商店里，告诉孩子标牌的意义，或者根据标牌上的指示采取行动。这个活动能帮助孩子理解"符号是用来表达意义的"，并练习阅读符号。

步骤讲解

步骤1：邀请孩子看

和孩子一起出门的时候，你看见任何标牌，都邀请他来看一看，吸引他的注意力。

比如，你们来到商店，看到门口摆着"大减价"的招牌，你可以问孩子："看，这上面写的是什么？"

步骤2：念给孩子听

当孩子的视线落在招牌上之后，你指着招牌上的字，一个一个念给孩子听。

比如："大减价，一件7折，两件5折。"

步骤3：解释标牌意义

等你念完，孩子可能会问你："这是什么意思呀？"

你解释："这家商店里的东西在打折。"

有些孩子可能问得更细一些，比如："7折是什么意思？"你就解释一下:"如果原价是 10 块钱,7 折就是 7 块钱。"

孩子暂时听不懂也没有关系,只要了解标牌上的字会表达一定意义就好了。

步骤 4:根据标牌指示采取行动

有些标牌是指示性的,你们可以根据指示文字采取行动。

比如公园草地上有"禁止踩踏草坪"的指示牌,你可以念给孩子听,向他解释这句话的意思,然后告诉他:"咱们不能踩草坪哦。"

玩法变式

和孩子一起在家里布置一些标牌吧,用于区别每个房间或区域的功能,或者用于提醒重要事项。用图画或文字做标识都可以。

比如,如果你们发现卫生间地面太湿滑,容易让人摔倒,你可以请孩子在卡片上画一个小人摔倒的图案,你在旁边写上"小心,地很滑",然后把卡片贴在卫生间门口提醒大家。

学点脑科学

提升孩子自主阅读能力的一个关键就是提升孩子的识字能力。早期非正式识字体验的重点在于发展孩子两方面的意识,第一是语音意识,即将听到的词语转化为字面词语,比如听到"苹果"时,能够把发音与汉字"苹果"对应起来。第二是字形意识,即了解汉字的形状,比如知道"苹果"这两个汉字长什么样。有研究发现,这种非正式的识字经验越多,孩子的语言发展和读写发展就越好。

早期识字的首要原则是,运用情境学习的原理,增加识字经验。比如出门乘车时,你可以教孩子认一认公交路线图上的站名;周末去动物园时,教孩子认一认"老虎""猴子"的介绍板,等等。

2. 转转找不同（4岁以上）

训练目的

请孩子在一组相似的字母或汉字中找出最不一样的那一个，锻炼孩子的空间能力，增强孩子对相似字符的分辨能力。

所需道具

1支笔
2张白纸
1把剪刀

步骤讲解

步骤1：写字母

用白纸剪8～12张小纸片，先取4张，在上面写同一个字母。

一个写成正的，两个写成朝不同角度歪的，再写一个镜像的（当然要避免"i""x"之类的字母）。

比如像下面这样：

步骤2：请孩子找不同

请孩子找一找，这些字母中，哪个与其他的字母差别最大。鼓励孩子拿起纸片，旋转、比较。

最后孩子会发现，有三张纸片转一转角度，上面的字母就变成了一样的；只有一张和它们不一样。

步骤 3：找不同汉字

用相同的方法，写上简单汉字，正的、角度不同的、镜像的，请孩子找不同。

在这个过程中，孩子会领悟到，虽然角度不同，但字始终是一样的。但如果字被翻转了，就可能是不同的了。

玩法变式

你可以把一面镜子竖在桌上，再把正着写的字母"Z"放在镜子前，请孩子看镜子里的字母。他会发现，镜子里的"Z"和镜子前的"Z"不一样。

你还可以请孩子拿笔照着你写的字母画一画，画画正的，再画画反的。

学点脑科学

如果从小经常进行亲子阅读,孩子四五岁时的阅读理解能力就已经非常棒了;他会自己挑选图书看,虚构类、非虚构类书都能欣赏。他可能还认识了一些经常遇到的字。

许多家长会发现,孩子写字时会左右不分,把数字或字母写成镜像的。科学家发现,这与我们的神经系统对左右翻转不敏感有关,也许是因为在进化过程中,人类发现左右方向与生存需要无关。许多孩子都会经历这个过程,一般来说不用太担心,经过几个月的阅读和书写训练之后,问题就能纠正过来。如果孩子在 8 岁以后还经常写反字,就需要关注并考虑他是否患有阅读障碍了。

你可以有意带孩子识别镜像字,帮助他理解许多字在左右翻转后就不是(原来的)字了。

3. 我的阅读记录卡（5岁以上）

训练目的

现在孩子已经读过不少书了吧？到底读了多少本、书名是什么，你记录过吗？和孩子一起做张阅读记录卡，一段时间之后，你们会成就感爆棚！

所需道具

几张硬纸板
2支笔

步骤讲解

步骤1：和孩子讨论记什么

阅读记录卡并没有固定格式，你可以和孩子讨论你们想要记录哪些内容。

如果不知道从哪里下手，可以上网找一找可参考的资料。

步骤2：一起设计样式

确定完记录要素，接下来就该设计卡片的样式了。发挥创造力的时候到了，尽量让孩子自己来设计和涂画。

孩子会写的字还不多，所以需要你在这方面提供帮助。

步骤3：多画几张卡片

要读的书还有很多，所以多画几张记录卡吧。

可以鼓励孩子多设计几种样式，不过卡片尺寸最好一致，以便装订和保存。

步骤4：试用记录卡

卡片要怎么写？鼓励孩子试一试。比如，书名和日期可以请你来帮忙写字；读了多少页，孩子也许可以试试自己画数字；至于喜不喜欢这本书，孩子可以通过画表情来表达意见。

日期	书名	页码	喜欢
6.12	《棕色的熊，棕色的熊，你在看什么》	1～10	☺
6.13	《I Love My New Toy》	46～53	☺
6.14	《这样的尾巴可以做什么》	1～15	😖

☺ 喜欢　　😖 不喜欢

玩法变式

除了记录每次阅读详情的卡片，你们也可以制作"一周阅读汇总卡"或者"一月阅读汇总卡"。

每次阅读后，都在表格里画一颗心或一本书作为标记。这样，孩子就能直观地看到自己的阅读情况了。

学点脑科学

五六岁孩子的阅读兴趣可能会变化得很快，他们在亲子阅读时会提出各种问题，并对人物的行为作出批判性评论（例如："这不太好！"）。有些孩子会用手指认读书上的文字，准备好要独立阅读了。

认知科学家基思·斯坦诺维奇总结大量研究后发现，小时候就喜欢阅读的孩子会越来越喜欢阅读，而且阅读能力会越来越强——他称之为阅读的"马太效应"。原因有两个，第一，阅读能力和认知能力是相辅相成的，孩子读得越多，他的理解能力、思考能力就越强，认知能力也越强，进而就更喜欢读，也读得更快了。第二，阅读能力和学习环境是相辅相成的，孩子的阅读能力越强，你就越倾向于给他看更难的书；他走在街上，看到的标牌都不再是"天书"，都成了他可以理解的有意义的信息。这样一来，他能够快速处理这些信息，进一步刺激大脑的发展，阅读能力自然就变得越来越强，所以这是一个正循环。

阅读记录卡可以帮助孩子归纳、总结阅读经验，鼓励孩子思考和用心感受所读的内容，让孩子对阅读更感兴趣。

第8节 书写准备
捏泥人和学写字有什么关系

有位妈妈给我们留言说："我想教孩子练习写字，可孩子总觉得写字太难，只喜欢捏泥人玩。该怎么办呢？"

其实，孩子捏泥人，一样能为写字做好准备。你可能想问，捏泥人与写字之间有什么关系？孩子到底应该怎样学写字？让我们好好聊聊这个话题。

孩子在上小学之前必须经历一段漫长的书写准备期。什么是书写准备？对于孩子来说，这里的"书写"不等于我们通常理解的"写字""写作"，而是涉及写字的基本动作、字形识别、方位知觉、写字姿势等。

例如，要教孩子写一个"大"字，你首先得让孩子了解"大"字的形状，然后教他正确握笔的方法，最后根据既定的空间组合写出一横、一撇、一捺。

成年人会觉得写字很容易，但对初学者来说，整个过程是非常复杂的。它需要孩子手部小肌肉群发育良好，手腕和三根手指互相配合，手眼协调，加上大脑发号施令，才能正确地写出一个字。

此外，大多数孩子在开始学写字时都会经历"镜像阶段"。在这个阶段，孩子阅读写字会左右不分。由于我们的神经系统对左右翻转不敏感，因此孩子看 p 和 q 时，会以为自己在从不同的角度看同一个物体，书写时也容易弄混。

书写通常和我们大脑的左顶叶区域有关，包括缘上回、角回。如果这些大脑区域受损，孩子就可能患上失写症，也就是说，写起字来很笨拙，很容易弄错笔画，等等。

如果你教孩子写字时，他写得很辛苦，那么这很可能与两种能力的缺乏有关：第一种是手部精细动作的发展，第二种是字形认知的发展。接下来我们了解一下这两种能力。

精细动作是书写的基础

不知道你是否注意过孩子手部动作的发展进程，如果仔细观察，你会发现：当孩子很小的时候，他的动作幅度非常大，而且非常笨拙，经常用两条手臂到处划拉，对象包括但不限于床单、洗澡水、洒在地板上的牛奶。随着双手力量的增强，孩子可以将沙子从一个小桶运到另一个小桶里。再后来，孩子的手部动作变得越来越灵活，能够用手指捏住珠子并将它们串在一起。

在学习写字之前，孩子的精细动作已经开始发展了。整个过程大致经历了运动发展的四个阶段，分别为"整只手臂的运动""手部运动""指尖捏""指尖协作"。我们都知道，汉字方方正正、横平竖直，任何瑕疵都能够一目了然。只有当孩子能够灵活地使用自己的手指时，他才能自由地控制笔尖的方向，正确地书写笔画。

如果你希望孩子早点学会写字，最好帮助孩子在小的时候就发展良好的手部精细动作。当孩子画画时，不要阻止他，看似漫无目的的涂鸦，正为他的书写能力建造着坚实的基础。如果仔细观察孩子的画作，你会发现很多线条和样式都是汉字笔画的原形，比如曲线、圆点、方框、环形和之字形的线条等，都是汉字的基本笔画。在这些基本的形状"练习"中，你可以帮助孩子控制手部的肌肉，并指导他如何使用铅笔。在将来写字时，他会更有技巧和自信。

汉字字形认知的发展

除了手部精细动作的生理准备外，书写准备还要求孩子具有一定的汉字字形认知能力。

和其他拼音文字相比，我们的汉字具有独特的视觉复杂性。除了独体字之外，大部分汉字可以拆成不同的字。比如"杏"可以拆分成

"木""口"。合体字中单个字的空间位置发生变化时，也可能组合成不同的汉字。比如，如果"木"在上"口"在下，就组合成"杏"，但如果调个位置，"口"在上"木"在下，就组成了"呆"。难怪许多外国人称，汉语是世界上最难的语言之一。

汉字是如此复杂，怎样才能让孩子更容易学习呢？近年来，国内心理学界进行了大量研究，发现正字法意识在儿童字词识别、生字学习以及阅读发展中起着重要作用。所谓的"正字法意识"，是指将汉字部件按照一定的规则组合，使文字的拼写符合标准的意识。这包括对字形、笔画和组合模式的理解。

从对汉字字形不同方面特征的认知来看，3岁的儿童较难区分汉字和各类与汉字相似的符号，对汉字字形认知能力较弱。到了4岁时，儿童已经能够区分汉字与线条图，对汉字的笔画特征有了一定意识，但还不能较好地区分汉字与笔画组合，缺乏对组合模式的认识。5岁左右是儿童笔画意识发展的重要时期。到了大概6岁时，儿童不仅具备了较强的笔画意识，对组合模式的认识也有了很大的发展。

如何培养孩子对字形的理解呢？在早期的阅读准备中，你可以有意识地为他指读，让他对文字符号有一定的了解。听得多了、看得多了，孩子就会对出现频率高的汉字留下印象。此外，你还可以把汉字联想成图案来教孩子识字，例如，"葫芦串"中的"串"字像两个葫芦串在一起。人、从、众，木、林、森，都是形象生动、可以用图画来解构的汉字。

汉字书写是孩子进入小学后非常重要的学习任务。《义务教育语文课程标准（2011年版）》明确规定，第一学段（1～2年级）的学生必须学会写800个左右的汉字。这对于刚上小学的孩子来说是一个很大的挑战。如果你早点为孩子做好准备，他会更轻松。

值得注意的是，机械地教孩子写字可能会破坏他的书写兴趣。怎样和孩子边玩边学汉字呢？下面的"画水平线""紧跟着的小尾巴""一笔变字"这3个游戏或许可以帮到你。

1. 画水平线（2岁以上）

训练目的

和宝宝比赛画横线，帮助宝宝有意识地控制笔尖移动方向，让笔听宝宝的指挥，让宝宝为书写做好准备。

所需道具

2～4支粗蜡笔（或水彩笔）

2张尺寸较大的白纸

步骤讲解

步骤1：涂鸦预热

取出专门为宝宝准备的蜡笔或水彩笔，粗一点的更方便宝宝抓握。再拿一张大一点的纸，放在桌子上。

请宝宝选择他喜欢的笔，告诉他："要画画喽！"

宝宝会拿着笔乱涂乱画，前后推拉，左右开弓，戳戳点点，还会熟练地画竖道道……任由他发挥吧。

步骤2：你做示范

你也拿一支笔，在纸上画横向的直线，从左往右画，长度在10厘米就好。

你可以多画几条，一边画一边说："我要画一条直直的路，很直很直。我要横着画一条路。"

多示范，让宝宝观察你是怎样画横线的。

步骤3：鼓励宝宝画横线

请宝宝模仿你，和你一起画横线。

鼓励宝宝把线画得长一点、直一点，横着画，尽量不要画歪。

宝宝画的时候，你可以描述他的"成果"："这条路好直呀。""啊哦，这条路好短，走到这儿就没了。"就这样，帮宝宝练习有意识地控制肌肉、画横直线。

玩法变式

来一次比赛怎么样？你先画一条横着的路，然后鼓励宝宝在旁边画，看谁画的路又长又直。

你还可以给自己画的线条赋予更多意义，比如，在一条横线上方再画一条横线，说："这是一辆小汽车在路上跑，嗖，开走了。"

向宝宝示范，画出来的线可以代表一定的意义，他理解意义后，说不定会跟你比着一边画一边说呢。

注意事项

如果宝宝不愿意模仿你，还是自顾自乱画，你也不要着急。你可以在看到他不小心画出一条横线的时候说："哇，宝宝画的这根线好直呀。再来一次吧！"宝宝再重复刚才的动作，就会有意识地控制手部肌肉了。

学点脑科学

宝宝对书写工具的运用还不太熟练，他可能会僵硬地用手抓着笔，需要通过移动上臂肌肉来移动画笔，因此动作幅度比较大。他开始思考涂鸦痕迹的意义。不过，他会把自己的动作也融合进去一并思考。举个例子，如果宝宝在画连续的螺旋线，你问他画的是什么，他可能说是"飞机"，因为他的手正在纸上一圈一圈地"飞"。

写字是一个复杂的过程，除了需要认识和使用一套符号系统（比如汉字）之外，对运动和空间能力也有一定的要求。写字需要手腕和拇指、食指和中指的动作互相配合，手眼协调，由大脑发号施令，让笔尖沿着特定的方向移动，让笔画呈现在平面的目标位置上，才能留下表达特定意义的符号。

对于2岁多一点的宝宝来说，如果能从左到右画一条长5厘米、偏离水平面20度以内的横线，就是非常棒的表现。

2. 紧跟着的小尾巴（3岁以上）

训练目的

有那么一段时间，孩子总爱黏着你，你走到哪儿他跟到哪儿。现在，你们可以用笔玩这个游戏。你用笔画一些线条，让孩子跟着你，用笔画线盖住你的线条。要想盖住你的线条不走偏，并不是一件容易的事。这个活动可以锻炼孩子的手眼协调能力和手部肌肉控制能力，为真正的书写做准备。

所需道具

2支颜色不同的笔
1张尺寸较大的白纸

步骤讲解

步骤1：预热游戏

你和孩子玩"我当你的小尾巴"游戏，帮助孩子理解"跟着别人的脚印走"是什么意思。

你在前面走，孩子在后面跟。你直走，孩子也直走；你拐弯，孩子也拐弯……

你们还可以交换角色，由你来当孩子的小尾巴。

玩一会儿之后，你告诉孩子："还可以用笔来玩这个游戏哦！"

步骤2：画曲线，孩子跟随

你们取出笔和纸。请孩子挑一支他喜欢的颜色的笔，你用另一种颜色的笔。需要注意的是，你的笔的颜色要相对浅一些，不然孩子会看不清自己的笔迹。你先在纸上画一根弯弯的线条，画完之后请孩子用笔"跟随"，尽量沿着你的线条画，不要画偏。

如果孩子爱玩这个步骤,你们可以重复很多遍。

步骤3:画交叉线,孩子跟随

当孩子明白游戏玩法之后,你可以稍微增加一点难度,画一些交叉线,或者一些有直角的折线,请孩子"跟随"。

当然,别忘了交换角色,请孩子画线,你来跟随孩子,当他的"小尾巴"。

玩法变式

曲线、之字形、长线、短线、点,等等,都是基本笔画的雏形。你可以多在纸上示范这些图形的画法,请孩子描画,从而帮助孩子练习控制手部肌肉。

你也可以示范各种汉字的笔画，请孩子"跟随"。注意，示范图形一开始要画得稍微大一点，方便孩子描画。当孩子控制手部肌肉的能力越来越强，就可以慢慢缩小示范图形，提高难度。

注意事项

由于精细动作发展尚未成熟，孩子现在还不能用完全正确的方式握笔，不必强求。

学点脑科学

孩子书写的质量受到精细动作以及字形认知的影响。他可以描画简单字母或数字，比如 T 或 0，但还很难正确书写有折角的字母或数字，比如 M 或 4。相对于字母而言，汉字的笔画和结构多种多样，对精细动作能力发展要求更高。

给孩子讲一讲看到的文字和符号，让孩子有机会尝试使用各种书写工具和材料，都有助于孩子发展书写能力。

3. 一笔变字（5岁以上）

训练目的

作为一种比较复杂的文字符号体系，汉字包括大量形相近、意不同的字。这个游戏可以帮助孩子见识汉字的奇妙特点，让他对字形变化更敏感，提高他的书写准确性。

所需道具

2支笔
1张纸

步骤讲解

步骤1：汉字找不同

找几对字形相近的汉字——比如"土"与"士"、"日"与"曰"、"人"与"入"，跟孩子玩"找茬"游戏，看看哪里不一样。

步骤2：示范一笔变字

拿一张纸和一支笔，对孩子说："看好，我要变个魔术。"

你先写一个字，比如"大"，边写边说："看好了啊，这个字是大，我一笔就能把它变成另外一个字。"然后你任意加一笔，把"大"变成"太""天"或"犬"都行。

步骤3：邀请孩子模仿

邀请孩子模仿你，照着写一写、变一变。

在变字的过程中，你可以不时停顿一下，假装思考还能变出什么字，并鼓励孩子也想一想。

玩法变式

如果孩子已经认识一些汉字了,你可以做出题人,请孩子一笔变字。记得从简单的字开始,不要一下子难倒孩子。

注意事项

鼓励孩子用拇指和食指指腹握笔,让笔的上段夹在拇指和食指之间。

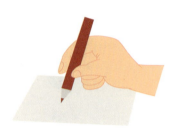

学点脑科学

相对于数字和字母,汉字笔画和结构复杂,因此书写汉字对精细动作的要求更高。

一些五六岁孩子的握笔姿势已经非常接近完全正确的三脚架式了,可以用手指灵活地控制书写工具,会从左到右、从上到下书写文字。孩子书写技能的强弱主要取决于对符号(比如汉字)形体的掌握程度。

引导孩子关注汉字的结构、部件组成,能够让孩子将汉字书写得更准确。

第 3 章

情绪脑

如何管理孩子的情绪

第9节 情绪识别
孩子头脑里的"情绪小人"

你可能看过一部 2015 年上映的动画电影《头脑特工队》(*Inside Out*),这部电影罕见地从脑科学的角度科普了孩子的情绪问题。

电影中,小女孩莱莉的大脑里住着 5 个情绪小人,分别代表了高兴、悲伤、愤怒、厌恶和害怕这五种情绪。他们共同影响着莱莉的记忆和行为,帮助她在克服对搬家和转学的不适应期间渡过了各种难关,最终建立起了功能更加完备的大脑控制中心。

看完电影,我们会发现,孩子的成长历程也是情绪发展的过程。

最初,孩子意识不到这些情绪小人在自己大脑中的活动。他需要在成长过程中逐步认识他们,并接纳他们,这样,他才能和情绪更好地相处。

出生后不久,孩子就能表达一些基本情绪。这些基本情绪包括快乐、悲伤、愤怒、恐惧、厌恶、惊讶等。4~6 个月开始,当你把孩子喜欢的玩具拿走时,孩子会向你展现愤怒的表情。到了 8～12 个月,孩子会对你流露的情绪做出更好的理解。比如,当他爬到楼梯旁时,如果你无意间露出了害怕的表情,孩子就能意识到台阶是危险的东西,还是离远点好。

随着基本情绪的发展,孩子在 1 岁半～2 岁左右渐渐拥有了较成熟的复杂情绪,比如能体验到自豪、羞愧、尴尬、内疚等。这些情绪和自我意识有关,因此又被称为自我意识情绪。这个阶段的孩子对基本情绪的运用也更加自如,有时,为了获取你的关注,他甚至会假装出某种悲伤或是害怕的情绪。

随着孩子语言能力的增强,他能用更多、更准确的词汇来描述自己的情绪。2～3 岁的孩子可以比较准确地运用情绪词汇了,他们会说"真开心""吓一跳"。3 岁以后,看到某种表情时,孩子对其所反映的情绪及原因的解释在大多数情况下和成人是一致的。

与此同时,在 2～3 岁甚至更早时,孩子就有了和他人换位思考的能力。这就是共情能力,即在社会交往中理解对方的情绪、意图,感同身受，并从他人的角度看问题的能力。共情既包括情感方面的共情，比如孩子听到其他孩子哭，自己也会被悲伤的情绪感染，觉得难受；也包括认知层面的共情，比如孩子看到另一个孩子因为玩具坏了而哇哇大哭，就能从认知上了解对方伤心的原因。在成长的过程中，孩子的情绪识别能力和同理心会不断增强。

孩子的情绪识别能力和大脑的发育息息相关。大脑颞叶皮质的梭状回负责识别面孔和面部表情，而大脑边缘系统中的杏仁核对恐惧情绪格外"上心"，当孩子看到可怕的场景时，杏仁核会兴奋起来，让孩子心跳开始加速、手心开始冒汗。随着大脑皮质的发育，孩子能理解的情绪会愈发复杂。

玩着学情绪

情绪识别是情绪调节和社交发展的基础。只有了解自己和他人的情绪，孩子才能建立更好的人际关系。那么，如何才能帮助孩子更好地识别情绪呢？

你可以打印出带有各种表情的图片，和孩子一起指出各种情境中的表情；你也可以直接对着镜子做鬼脸，然后说"魔镜魔镜，我是什么表情"，让孩子描述出来。

更重要的是，在和孩子相处的不同情境中，你可以随时玩"情绪标签"的游戏。比如，你对孩子说："爸爸刚刚说已经很晚了，该回家了，你嘟着嘴，是不是不开心？"这种先对情境进行描述，再指出情绪的方法，不仅能让孩子更加了解情绪，还会让他很快平静下来。

有研究表明，自3岁起就更多地与家人讨论情绪的孩子，在小学1年级时的情绪识别能力要好于同龄人。

如果你希望让孩子更了解自己和他人的情绪，巧妙的游戏会让你事半功倍。下面的"表情盒子""表情火车""情绪故事大王"这3个游戏或许可以帮到你。

1. 表情盒子（2岁以上）

训练目的

制作一个表情盒子，放进画着各种表情的纸条。让宝宝抽纸条，你们来表演，在轻松愉快的游戏中锻炼宝宝的情绪识别能力。

所需道具

1个盒子
10～15张纸条
1支笔

步骤讲解

步骤1：画表情

在小纸条上画一些表情的简笔画：快乐、愤怒、悲伤、恐惧、惊讶……一种情绪画2～3个表情。

将纸条折起来，放入盒子中。

步骤2：抽表情纸条

先摇一摇盒子，然后请宝宝抽一张纸条。

步骤3：表演表情

打开纸条，告诉宝宝上面画着什么表情，并且表演给他看。然后鼓励宝宝模仿你的表情。

完成后，继续抽下一张纸条。

等宝宝比较熟悉纸条上的表情后，你可以不为他做示范，看他会不会自己做出那个表情。

玩法变式

邀请更多家人参与这个活动。大家做的同一种表情可能各有特色,这能帮助宝宝观察到多元化的表情。

学点脑科学

像学习文字、数学一样,宝宝也需要学习情绪。如果你和宝宝多谈论与情绪相关的话题,玩与情绪相关的游戏,那么他的情绪词汇会更加丰富,情绪调节能力也会更强。

采取抽奖的方式来认识表情,能够引起宝宝的强烈兴趣,从而更好地了解表情。

2. 表情火车（2.5岁以上）

训练目的

让宝宝说出不同表情的名字，并进行配对，锻炼他识别情绪的能力。

所需道具

12张扑克牌大小的卡片

1支笔

步骤讲解

步骤1：制作情绪卡片

分别在卡片上画出快乐、愤怒、羡慕（星星眼）、自豪（比出剪刀手）、悲伤、恐惧6种情绪的表情，1张卡片上画1个表情，每种情绪画2个表情。

步骤2：摆放卡片

像洗扑克牌一样洗卡片，顺序打乱。把卡片摆成一叠，背面朝上放好。

步骤 3：摆放表情火车

和孩子轮流从情绪卡片堆中抽卡片，每次抽 1 张，正面朝上放好。把后一张卡片放在前一张的下面，首尾相连，变成卡片"火车"。每抽出一张卡片，都说出上面所画表情的名字。

如果抽出的卡片和"车厢"中的某张卡片同属一类，那么两张卡片及它们之间的卡片都归该轮玩家所有。玩家再从卡片堆中抽出 1 张卡片作为"新车厢"。

当卡片堆中所有卡片都被抽完时，游戏结束。数一数各自得到的卡片，较多的一方获胜。

玩法变式

你可以再给每种情绪增加 2 张表情卡片，即每一类表情 4 张卡片，让每轮游戏玩得更久一些。你也可以在网上找一些不同表情的图片，相对于简笔画，宝宝可以从复杂一些的表情中获得更多的情绪线索。

学点脑科学

玩表情火车时,孩子需要时刻注意是否有相同表情出现,这有利于锻炼他识别表情的能力。表情是情绪的重要线索,是帮助我们窥探他人内心世界的一扇窗户。

心理学家保罗·艾克曼(Paul Ekman)发现人类有 6 种基本表情:快乐、愤怒、恐惧、厌恶、惊讶、悲伤。宝宝在 1 岁半前能感知这些表情,只是还不知道这些表情的名字。帮助宝宝积累情绪词汇,让他能够更好地用语言表达自己的内心世界,并调节情绪。

3. 情绪故事大王（4.5岁以上）

训练目的

通过编情绪小故事，孩子可以学习认识情绪的因果关系，即人们为什么会出现某种情绪，或者出现某种情绪后，人们可能会有哪些反应。

所需道具

10张扑克牌大小的卡片
1支笔

步骤讲解

步骤1：制作故事卡片

分别在6张卡片上画6种表情：快乐、悲伤、恐惧、愤怒、羡慕（星星眼）、自豪（比出剪刀手）；在剩下的4张卡片上写4种动物的名字：小狗、小猫、小鸡、小鸭。

步骤2：编情绪故事

将情绪卡片和动物卡片叠好，分开放，背面朝上。你可以从两个卡片堆中各抽一张卡片，向孩子示范如何编情绪故事。

比如你抽到的是"快乐"和"小狗",你可以说:"小狗很开心,因为它吃到了很美味的骨头。"然后邀请孩子来讲。

步骤3:增加卡片数量

先增加情绪卡片数量,从卡片堆中再抽一张或几张,故事里动物的情绪就会发生变化。比如抽到"小鸭""自豪"和"恐惧"后,你可以说:"小鸭子在学游泳,它一开始很害怕下到水里,担心会沉下去;后来它学会了游泳,它感到很自豪。"

你也可以增加动物卡,让故事更加丰富。

学点脑科学

孩子在3岁以后,开始能够理解情绪的因果关系,如果你经常和孩子探讨情绪,那么他的情绪推理能力和调节能力会更强大。

故事中富含因果关系,是孩子锻炼情绪推理能力的好媒介。

第 10 节 情绪调节
为什么孩子会控制不住发脾气

在商场里,你不给孩子买玩具,他就撒泼打滚;吃饭时,孩子一看没有他想要的草莓蛋糕,立刻号啕大哭。细数下来,孩子发脾气让人不省心的时刻真不少。

孩子为什么那么爱发脾气?为什么他就不能稍微控制一下自己的情绪呢?

通常,我们会采用一些技巧来控制情绪的产生、体验和表达,这就是情绪调节。但是,情绪调节并不是一件容易的事。为什么呢?这里又要讲到我们的大脑结构了。

大脑里有一组名为边缘系统的结构,它在情绪发展中发挥着重要作用。当某个情绪信息(尤其是愤怒、焦虑、恐惧、危险等负面信息)传入大脑时,首先会引起边缘系统中杏仁核的剧烈反应,就好像大象在头脑中横冲直撞一样。

要想驯服这头大象，就要请出前额叶，这个脑区主管推理、决策和自我控制。前额叶就如同驯象人，被激活后会对情绪进行加工，并和杏仁核互动。

孩子的大脑发育并不均衡。和情绪唤起有关的边缘系统发育较早，让孩子很小就能体会到快乐、悲伤、恐惧等多种情绪；而他的前额叶要到 20 岁以后才完全成熟。这就好比孩子头脑中的那头大象很早就长成了庞然大物，但驯象人依然力量弱小。所以，相比成人来说，孩子调节情绪的能力要弱一些。

儿时情绪管理对未来成长有重要影响

既然如此，你可能想："那我就不用管孩子了，等他长大，大脑发育成熟，他自然就会调节情绪了。"不是这样的。

科学家发现，那些总是处于焦虑、愤怒等应激状态的孩子，脑结构不能正常发育，他们更容易冲动，调节情绪的能力也更弱。

你可能会说："我家孩子也就是爱发脾气，不至于一直怒气冲天。"

但你要知道，等到孩子大发脾气、情绪濒临失控时再去抚慰，会强化孩子的痛苦。如果你善于观察孩子的情绪线索，在孩子被情绪控制前就安抚好他的情绪，或者教孩子一些调节自己情绪的策略，孩子会烦恼更少，更容易被安慰，探索环境的兴趣更强。

研究发现，2岁孩子情绪调节策略的好坏，能预示他4岁时的社交特点。在早期陌生情境中，如果孩子的情绪调节能力不高，总是采取退缩回避的策略，那么到了4岁时，他在同伴活动中也会倾向于退缩。相反，如果2岁孩子在有压力的陌生情境中懂得运用更好的调节方法，主动寻求家人的安慰，那么他4岁时在同伴活动中会表现出更少的攻击行为。

情绪是每个人终身面临的话题。儿时的情绪管理对未来的人格发展、社会交往有着深远影响。

我们小时候大多没有接受过情绪调节教育，都是自己艰难地摸索着如何与情绪相处的。我们欠下的这堂课，必须从现在、从我们的孩子身上开始补。尽早教孩子调节情绪，他会受益无穷。具体怎么教孩子调节情绪？下面的"甩掉不开心""闻花吹蜡烛""生气的水果"这3个游戏或许可以帮到你。

1. 甩掉不开心（3.5岁以上）

训练目的

和孩子一起把最近发生的令人生气的事情写在便利贴上，然后贴到身上，手牵手用力把生气甩掉，从而锻炼孩子调节愤怒的能力。

所需道具

若干张便利贴
1支笔

步骤讲解

步骤1：和孩子分享生气经历

和孩子分享最近3件令你生气的事情，比如在超市收银台付钱时有人插队，然后把它们分别写在3张便利贴上。

步骤2：邀请孩子分享生气经历

请孩子和你分享他最近感到生气的3件事情，比如幼儿园小朋友没有经过他同意就拿走他的玩具。你帮他把这3件事分别写在3张便利贴上。

步骤3：甩掉生气

你帮孩子把他的便利贴贴在身上，孩子

帮你贴上你的。然后你们手牵手，把令人生气的事情甩掉！

步骤 4：讨论解决办法

捡起便利贴，一起讨论如何解决这些令人生气的事情。

学点脑科学

写下令人生气的事情，其实就是帮孩子认识情绪的过程。脑科学研究表明，给情绪命名能够有效地降低大脑中与情绪相关的脑区的活跃度，具有调节情绪的作用。

在游戏过程中，孩子也能从家人身上得到情感支持，从而更好地调节情绪。

2. 闻花吹蜡烛（4.5岁以上）

训练目的

有趣的深呼吸游戏能锻炼孩子调节愤怒情绪的能力。

所需道具

1张花的图片
1张蜡烛的图片

步骤讲解

步骤1：看花和蜡烛的图片

给孩子看花的图片，问他花有什么味道，怎么闻花的香味。然后给孩子看蜡烛的图片，问他在过生日的时候，怎么吹灭蛋糕上的蜡烛。

步骤2：假装手指是花

让孩子举起食指，假装这是一朵花，用鼻子深深地闻一下；把另一只手放在肚子上，每一次"闻花"，肚子都要鼓起来。鼓励孩子多练习几次。

肚子鼓起来

肚子瘪下去

步骤 3：假装手指是蜡烛

让孩子假装食指是蜡烛，大力呼气，把蜡烛"吹灭"；把另一只手放在肚子上，每一次"吹蜡烛"，肚子都要瘪下去。鼓励孩子多练习几次。

步骤 4：闻花吹蜡烛

现在，孩子对"闻花"和"吹蜡烛"都比较熟悉了，你可以教他把两个动作连起来做，先"闻花"，后"吹蜡烛"，进行深呼吸。

和孩子约定好，下次生气的时候，你们先"闻花吹蜡烛"，冷静下来，然后再讨论问题。

玩法变式

你可以帮孩子计数，比如呼气和吸气各 3 下，然后增加到 4 下、5 下。

学点脑科学

处理行为问题前,先处理情绪问题。与其硬碰硬,继续激怒孩子,不如先接纳他的情绪,告诉他生气很正常,爸爸妈妈也会生气,但是我们要选择合适的方式来表达。

做做深呼吸,有助于孩子更快冷静下来,恢复理性。

3. 生气的水果（5岁以上）

训练目的

让孩子用视觉化的方式描述自己生气的程度，帮助他调节情绪。

所需道具

1张白纸
1支铅笔
若干支彩笔

步骤讲解

步骤1：画代表生气程度的水果

用铅笔在纸上画一些大小不一的水果：葡萄、苹果、柚子、哈密瓜、西瓜……

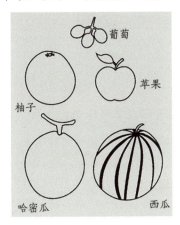

步骤2：给水果涂色

让孩子给水果涂上合理的颜色。

步骤3：你的生气有多"大"？

和孩子讨论发生过的一些令人生气的事情。然后说说你们当时有多生气，选择一种水果来代表生气程度。

你可以先分享自己的经历，给孩子开个头。

步骤4：做个"冷静角"

把这张画贴在墙上，和孩子约定好，当你们感到生气时，可以指着墙上的水果，形容自己有多生气。然后做深呼吸训练，帮助自己冷静下来。

玩法变式

你们还可以拿气球来把生气的程度视觉化。非常生气，就把气球吹到最大；有些生气，就把气球吹到中等程度大；不生气，就不用吹气球。

学点脑科学

处理行为问题前，先处理情绪问题。你可能会直接想告诉孩子怎么做才是正确的，但是孩子正在气头上，他小脑袋瓜里负责处理愤怒情绪的杏仁核非常活跃。

帮助孩子描述情绪，有助于杏仁核更快地冷静下来，让大脑恢复理性思考。

第11节 社会认知
孩子头脑中有个假想的玩伴

在动画电影《头脑特工队》中，小女孩莱莉有一个想象中的幼时玩伴"小彬彬"，这个长着象鼻子的奇怪生物分享了小莱莉幼时的快乐和悲伤。

如果你留意观察，就会发现你的孩子或许也有这样的假想玩伴。孩子对着一个看不见的小伙伴说悄悄话，像模像样地喂对方饭吃，陪对方玩游戏。你在一旁看着，会觉得有些不可思议，甚至会担心："这孩子是不是有啥毛病，怎么对着空气嘀嘀咕咕？"

其实，很多孩子都有自己的假想玩伴。耶鲁大学的调查表明，有假想玩伴的儿童比例高达65%。能够假想出一个玩伴，说明孩子在社会认知的发展上向前迈进了一步。

什么是社会认知？为什么有假想玩伴的孩子社会认知能力比较好？让我们好好聊聊这个话题。

我们都知道，人最难的是认识自己。"认识自己"是一个贯穿古今的哲学命题。

孩子出生后不久，就会进入一定的社会环境中。在与他人的社会交往活动中，他慢慢认识到自己是谁，如何与人相处，以及这个社会的运行规则是什么。

简单来说，社会认知就是通过社会交往活动认识自己、他人以及社会规则的过程，包括自我概念、心理理论和道德三大方面。其中，心理理论的发展是社会认知进步的重要表现。

孩子是怎么学会"读心"的

社会认识具体是怎样发展的呢？还是从假想玩伴说起。

孩子虚构出一个假想玩伴，一会儿想象着对方是不是饿了，该带对方吃饭了；一会儿又和对方分享自己最喜欢的电动玩具，或者玩起回合制游戏。这些举动都说明孩子能够猜测别人的心思和感受，并根据自己的猜测和他人互动。这种猜测别人心思、愿望和意图的读心能力，被认知科学家称为心理理论（theory of mind）。

孩子大概 13～15 个月大的时候，就开始出现心理理论。随着语言能力的发展，心理理论也不断地增强，孩子能更好地了解他人的想法和情绪。一般来说，心理理论会在 3～4 岁快速发展，5 岁左右就比较成熟了。

如何判断孩子的心理理论发展程度？一个经典的实验是错误信念任务（false belief task）实验。实验是这样做的：研究者拿出两个小娃娃，一个叫萨莉，另外一个是萨莉的朋友安妮。研究者告诉孩子，萨莉把弹珠放进筐里，然后走了出去。在萨莉离开以后，安妮把弹珠偷偷移到了小盒子里面，随后也出去了。在安妮出去后，萨莉回来想拿弹珠玩，请问，她会去哪儿找弹珠呢？

4岁以下的孩子通常会根据自己已知的信息回答：从小盒子里找弹珠。这是因为，他们无法区分自我和他人的心理状态，不能按照萨莉的信念来思考问题（萨莉并不知道弹珠被拿走了，所以会去筐里找），从而出现自我中心错误。反观4岁以上的小朋友，由于心理理论得到了很大的发展，他们能比较轻松地给出正确答案。

此外，心理理论这种"读心"能力还有层级的高低之分。心理学家罗宾·邓巴（Robin Dunbar）把心理理论分成不同的层级。第一级是自我意识，即意识到自己的想法和情绪，比如孩子意识到自己喜欢玩小汽车。第二级是了解别人的心理，比如孩子知道自己哭了妈妈会很心疼。第三级是知道某人知道第三人的心理，这就开始复杂了，举个例子来说，爸爸给妈妈准备了一束花，孩子知道，爸爸知道妈妈喜欢花，所以准备了花，想让妈妈开心。心理理论还有更多层级，成人的心理理论一般在第四级和第六级之间，仔细读，你应该能读懂下面这句话："我觉得你知道我想要你了解我的想法"。

是不是很复杂？怎样增强孩子的心理理论呢？

假想玩伴就是一个很好的方法。在假想的世界中，孩子不仅仅要考虑自己的想法，还要努力体会其他人在特定条件下会怎么想，怎么做，怎么想他人所想，这种虚拟的人际关系可以帮助孩子进一步探索真实的人际互动过程，增加对内心世界的认识。实际上，我们成人也在通过电影、小说等文艺作品来学习关于他人的知识，并且参考虚构故事中的人际经验来解决生活中的实际问题。

撒谎是个技术活

伴随着心理理论的发展，孩子会出现一种让家长很担心的行为：撒谎。通常，我们会将撒谎和道德联系起来，担心孩子的品德出现问题。然而，从认知发展的研究结果来看，"撒得一手好谎"是社会认知发展的表现，需要孩子具备一定的心理理论。

研究发现，第一级心理理论在孩子3岁左右开始发展，超过半数的孩子会开始有意识地撒谎。但是，这个阶段的孩子只会撒谎，还不会圆谎，因此常常在别人的眼皮底下说谎，让对方啼笑皆非。比如，你问孩子是不是偷吃了你藏起来的糖果，他摇摇头说自己没吃。但如果你问他:"你知道这包水果糖是什么口味的吗?"他会脱口而出:"巧克力味的。"撒的谎立马就露馅了。

孩子四五岁时,第二级心理理论才开始发展。他们开始推测不同人的不同想法,绝大部分的孩子不仅会撒谎,撒谎的本领也更高了。要知道,要想圆好一个谎,孩子得知道你知道什么,不知道什么,这样他才能刚刚好地把谎撒在你的盲区里。

如果你的孩子还处于撒谎的初级阶段,你也不用特别担心,这是因为孩子的读心能力发展了。你的重点不在于纠正他的行为,而在于平时要多用举例子、讲故事的方式进行预防。如果孩子开始经常性地撒谎,重点是让孩子知道,你并不是想逼他认错,而是想帮助他解决问题。

孩子在社会交往中了解自己和他人。要想与他人建立更好的互动关系,就需要从小具备一定的心理理论,能够理解他人的想法、自己的需求。怎样发展孩子的读心能力,培养一个善解人意、受人欢迎的孩子呢?下面的"这是谁的?""你知我心""相同与不同"这 3 个游戏或许可以帮到你。

1. 这是谁的？（2岁以上）

训练目的

家里的东西分别属于谁？给宝宝一些标有爸爸、妈妈和宝宝头像的标签，让他贴到不同物品上，培养他的物权意识。

所需道具

1~2张白纸
1卷双面胶
1把剪刀
1支笔

步骤讲解

步骤1：制作标签

剪出10~15张3cm×3cm的纸片，在每张纸片上画一个简笔画头像，代表爸爸、妈妈和宝宝的头像各画3~5张，然后在背面贴上双面胶。

步骤2：贴上标签

你可以指着一件东西，问宝宝这是谁的，让他选对应的标签，贴在这件东西上。

步骤3：讨论结果

宝宝贴的标签不一定是对的，比如在爸爸的电脑上贴上了自己的标签——电脑可能是他喜欢的东西，但不是他的。帮助宝宝区分"喜欢的"和"自己的"的区别。

有一些东西是大家一起用的，比如洗衣机。那么你们可以把三张标签都贴上去。帮助宝宝认识"公共用品"和"个人物品"的区别。

玩法变式

借助一些绘本，让宝宝分辨绘本中人物的所有物。比如在《小猪佩奇》中，红色的靴子是佩奇的，恐龙是乔治的。

学点脑科学

随着自我意识的发展，宝宝的物权意识开始萌芽。但宝宝往往无法区分"我的"和"我想要的""我喜欢的"，而且由于自控力弱，即使知道东西是别人的，他也无法抑制住将其据为己有的冲动。

帮助宝宝认识物品的所有者是谁，有助于他的物权意识进一步发展。你需要有耐心地引导他，比如在他和小伙伴争夺玩具时及时出手，提供足够的玩具，让抢夺方尊重被抢夺方的所有权，等等。

2. 你知我心（2岁以上）

训练目的

让宝宝辨认家长喜欢吃的东西，锻炼他的心理理论能力。

所需道具

两盘菜（或两种其他食物）

步骤讲解

步骤1：选择菜肴

吃饭前，选择两道菜，一道是宝宝喜欢的（比如肉片），一道宝宝没那么喜欢（比如青菜）。

步骤2：展现喜恶

你对宝宝没那么喜欢的菜表现得很喜欢，如赞不绝口地说"好香啊""我最喜欢青菜了"；对宝宝喜欢的菜则表现出厌恶，一脸嫌弃地说"肉片不香""我不喜欢肉片"。

步骤3：让宝宝帮你选择

把一个碗放在你面前，递给宝宝一个勺子，请他从两道菜中给你舀一些你喜欢吃的食物，但不直接告诉他是哪道菜，看宝宝是否选对了——即使那不是他喜欢的菜。

步骤 4：帮其他家人选

让其他家人选择不同的菜，重复以上步骤，看宝宝能否识别别人的喜好。

学点脑科学

理解别人的喜好、想法，在社交中必不可少。这涉及心理理论能力，即一种能够理解自己以及别人的心理状态的能力，这些心理状态包括情绪、信仰、意图、欲望等。简单来说，就是我知道你知道、我知道你不知道、我不知道你知道、我不知道你不知道……

和宝宝交谈时多使用一些反应心理状态的词汇（想要、猜、觉得、认为等），这有助于提高他的心理理论能力。

---

3. 相同与不同（4岁以上）

> **训练目的**
>
> 通过玩找相同与不同的游戏，让孩子理解每个人的感受可能是不同的，从而帮助他们提高同理心。

步骤讲解

步骤1：引出话题

把周围颜色相同的两种东西指给孩子看，再把颜色不同的两种东西指给孩子看。然后告诉孩子，现在你们要玩的游戏是关于"相同"和"不同"这两个词的。

步骤2：找相同或不同的事物

你在周围找出一个红色的东西，然后让孩子找一个和它颜色相同的东西。你也可以把特征换成形状、位置，等等。然后换成让孩子找与你找出的东西特征不同的东西。

步骤3：做相同或不同的表情

你做一个表情，比如开心。然后让孩子做跟你相同的表情。玩几轮后，再让孩子做跟你不同的表情。

步骤4：分析情景

给孩子列举一些生活情景，让孩子分析其中人物的感受或想法是相同的还是不同的。比如，到了睡觉时间，明天早上还得上幼儿园，但孩子还在玩。孩子和妈妈的感受是相同的还是不同的？孩子感觉怎么样？妈妈感觉怎么样？为什么？

玩法变式

你可以进一步引导孩子思考，有哪些办法可以解决情景中的矛盾。

学点脑科学

认知和情绪是紧密相关的。当孩子理解"相同"与"不同"的概念后，面对同一件事情，他就能认识到不同人的感受可能不同，从而更好地从自我中心化的思维困境中走出来，发挥同理心，进行换位思考。这对解决社交冲突是非常有帮助的。

第12节 社会关系
见到陌生人，孩子不肯打招呼

有位妈妈向我们求助。她的儿子2岁多，每天都黏着她，见到陌生人就想躲起来。这位妈妈问："孩子这么害羞内向，该怎么办呢？"

其实，这种只黏着妈妈、害怕陌生人的现象在儿童的心理发展过程中很常见。家长可千万别给孩子贴上"胆小""内向"的标签，这只会让孩子心理压力更大。

这位妈妈的担心也可以理解。我们每个人都生活在一张巨大的社会网络之中，时刻需要与外界进行联系。沟通能力和社交能力对成人来说非常重要，也是每个家长关注的教养重点。

孩子从出生起，就开始参与编织这张社会网络了。

离孩子最近的网络部分当然是亲子关系。2岁以前，孩子主要和家人在一起，和父母的联系是他最主要的社会网络。2岁之后，随着孩子进入幼儿园，他的交往范围日益扩大，与同龄小伙伴的交往日益增多，同伴关系成了他社会网络的重要组成部分。等到孩子踏入社会，与更多的团体建立关系，这张社会网络还会继续扩大延展。

用专业名词来解释这张社会网络，就叫作"社会关系"。对孩子来说，比较重要的是对亲人的依恋和同伴之间的友谊。我们接下来详细聊聊这两种社会关系。

依恋关系：孩子成长的底色

依恋关系是怎样形成的？

孩子出生后和养育人有着频繁的互动。他会产生各方面的需求，当这些需求得到及时的满足后，他会觉得安全，体会到养育者的关爱。比如，宝宝摔倒后哇哇大哭，妈妈及时安抚了他的情绪，他就会觉得妈妈关心他、喜欢他。又比如，宝宝在游乐园看到了一个怪兽模型，他跑到妈妈身边，发现妈妈很放松地看着怪兽，于是鼓起勇气摸摸怪兽，开始大胆地探索周围环境。宝宝会不断地确认自己是不是被爱、被关注的。

2 岁以前是依恋关系形成的重要阶段。形成良好的依恋关系后,即使没有爸爸妈妈陪在身边,孩子也会觉得很安全。

约翰·鲍尔比(John Bowlby)和玛丽·安思沃斯(Mary Ainsworth)曾用"陌生情境实验"探索了三类依恋类型:"回避型""矛盾型"和"安全型"。实验是这样做的:起初,妈妈与孩子被邀请进入放有玩具的实验室,当孩子安静下来并开始玩玩具时,便有陌生人加入。然后,妈妈离开,陌生人与孩子相处。一段时间过后,妈妈再回来。研究者发现,有些孩子在妈妈离开期间表现出了强烈抗拒;妈妈回来后,孩子在寻求与她接触的同时也会表达愤怒。这就是"矛盾型"依恋。有些孩子在妈妈离开期间并不难过,再见到妈妈时还会对她采取回避态度,这就是"回避型"依恋。这两种都是不安全依恋。第三种"安全型"依恋的表现是,孩子在妈妈离开期间感到不安,在妈妈回来后会很快回归平静。

亲子依恋是孩子第一个关键的社会关系,会影响孩子的安全感。所以,你要在孩子小的时候给予他充分的爱。

同伴关系：孩子一生的财富

随着孩子的成长，当他到了上幼儿园的年纪，就会开始扩大自己的社会网络，进入另外一个新的环境中，学习与老师和其他小朋友沟通合作。

在同伴相处中，孩子常常存在两种行为："攻击行为"和"分享行为"。俗话说，就是"一会儿打，一会儿亲"。

一两岁的时候，孩子会以自我为中心，不理解、不照顾别人的感受，为了自己想要的东西，甚至会动手打其他小伙伴。到了三四岁时，虽然大部分孩子开始照顾他人的感受了，但伤害别人的情况依然时有出现。这主要是因为孩子的理性思维还没发育成熟，无法自我控制，需求没有得到满足时一着急，就容易动手打人。

当孩子打人时，首先要立刻表明你的反对态度。不妨握住孩子的手，把他带离"冲突现场"，这样可以尽快让孩子摆脱不理性情绪的控制。等到孩子稍微平静一些后，你可以陪孩子回顾事件，帮助他想出解决问题的办法。

如何提高孩子的人际交往能力

依恋关系是孩子成长的底色,深厚的同伴关系是孩子一生的财富。家长如何帮助孩子建立优质的社会关系呢?

亲子关系在很大程度上与父母的教养风格有关。美国加利福尼亚大学的心理学家戴安娜·鲍姆林德(Diana Baumrind),以"接纳和响应孩子的需求"与"对孩子的要求和控制"这2个维度为依据,将教养风格分为4种类型,这4种教养风格分别形成了4种不同的亲子关系。

第一种类型是只对孩子提要求,却不满足孩子的需求,这种类型被称为"专制型"。其特点是要求有余而爱不足,这就好比给孩子套上了枷锁,你觉得应该怎样,孩子就必须怎样。专制型父母总是以爱为名义对孩子施加控制,口头禅就是"不许""不能""不怎么样做就不能怎么样"。在专制型教养的影响下,孩子可能没法自主完成一些事情,从而导致自卑,也可能导致冲动。

第二种类型与第一种刚好相反，就是只满足孩子的需求，却没有要求，这种类型被称为"放任型"。其典型的表现就是你被孩子控制了，他说什么就是什么，想怎么样就怎么样。孩子生活在放任型父母的溺爱中，自理能力可能比较差，因此独立生活能力弱，害怕独自面对困难。

第三种类型是"忽视型"，即既不满足孩子的需要，也不提要求，而是从不管孩子，忽略他的存在。忽视型父母养育的孩子长大后可能出现严重的心理问题，适应性差。在中国实际上有不少这样的父母。

第四种教养方式就是"权威型"，即有充分的爱，同时又有恰当的要求。父母态度温和诚恳，乐于花时间与孩子平等沟通。这类父母处事民主，能陪伴孩子更好地成长，孩子也能独立自主地解决问题，消极情绪更少。在一个温暖健康的家庭中成长的孩子，会自信地走向社会。

在孩子与同伴相处时，作为家长，你可以多激发孩子对他人情绪的理解力，鼓励他换位思考分享自己的东西会给别人带来什么样的情绪，并在尊重孩子决定的基础上示范分享行为，这样孩子会更容易跟同伴进行分享。

如果你希望孩子养成良好的社交能力，就一定要从自己做起，给他充分的爱，陪伴他快乐成长。你心态轻松，不急不躁，加上正确的方法，那么孩子不管是性格内向还是外向，都一定能成为社交高手。怎么培养孩子的社交能力？下面的"爸爸摇摇车""你是我的＿＿宝宝？""朋友树"这 3 个游戏或许可以帮到你。

1. 爸爸摇摇车（1.5 岁以上）

训练目的

让爸爸假装成摇摇车，让宝宝骑在他的背上体验，在游戏中提高亲子之间的亲密感。

所需道具

若干枚硬币

播放背景音乐（比如《家族歌》）的设备

1 个盒子

步骤讲解

步骤 1：爸爸变身摇摇车

让爸爸跪在床上，然后身体前倾，胳膊撑着床趴下，变身为摇摇车。

步骤 2：宝宝坐摇摇车

让宝宝坐在爸爸的后背上，投一枚硬币到盒子里，妈妈播放《家族歌》："爸爸的爸爸叫爷爷，爸爸的妈妈叫奶奶……"

爸爸摇摇车开始跟着音乐节奏摇动起来。注意让宝宝抓紧爸爸的衣服或者脖子，别摔下来。

步骤3：换音乐

宝宝可以投币，换其他音乐，比如《小燕子》《两只老虎》，收获更多的乐趣。

注意时间，别让爸爸太累了。

学点脑科学

催产素不仅仅与引产有关，它还被称为"爱的激素"，与人们的情感联结紧密相关。和宝宝拥抱以及进行其他愉悦的肢体接触时，父母的大脑会分泌催产素。

在玩摇摇车的过程中，爸爸和宝宝有大量愉悦的肢体接触，有助于和宝宝增进亲密感。

---

2. 你是我的 ____ 宝宝？（2岁以上）

训练目的

和宝宝一起扮演各种动物的父母和宝宝，以此表达你们对彼此的爱，增强亲密感。

步骤讲解

步骤1：我是你的 ____ 妈妈

你先扮演一种动物，比如鸭子。一只手放在嘴巴前面假装鸭嘴巴，另一只手放在后面假装尾巴，同时问宝宝："我是鸭妈妈，你是我的鸭宝宝吗？"邀请宝宝扮演成小鸭子。

步骤2：我是你的 ____ 宝宝

让宝宝想一种动物，比如大象，然后扮演出来，比如两只手臂伸直，贴紧，双手握住，假装成大象的鼻子。

你鼓励宝宝对你说："我是大象宝宝，你是我的大象妈妈吗？"你回答："我是大象妈妈！"然后学宝宝扮演大象。

你们踩着脚，用沉重的步伐走路，去"河边"（水池）吸水、喷水。

你们还可以扮演牛（手做成"六"字状，放在头上假装成牛角）和乌龟（拉高衣服遮住头）。

 牛
 乌龟

步骤3：我的宝宝在哪里

你变回自己，然后问："我是妈妈，我的宝宝在哪里？"

学点脑科学

在儿童时期接受过更多关爱的成人会表现出更少的抑郁和焦虑，并且更富有同情心。

家人是孩子获得爱的重要源泉之一。通过亲密的肢体接触和类似游戏，宝宝会和你建立更加强有力的情感联结。

---

3. 朋友树（4岁以上）

训练目的

帮孩子画朋友树，整理对朋友的认识，进而加深对友谊的认识。

所需道具

2～3张白纸
1支铅笔
若干支彩笔

步骤讲解

步骤1：画朋友树

用铅笔在白纸上画上一棵树，树冠尽量画得大一些。然后在树冠里画上3～5个苹果。可以让孩子自己画。

步骤2：长出朋友果

在苹果里写上孩子朋友的基本信息，比如名字、性别、发型（长头发还是短头发）、身高（比孩子高还是矮）、喜好（喜欢什么动物、食物、玩具）、和孩子的关系（很喜欢还是一般喜欢，为什么）。

如果你和孩子还不知道小朋友的名字，可以去幼儿园的微信群里找找。如果有一些信息孩子还不清楚，你可以鼓励他和小朋友在相处时了解一下。

让孩子给树和苹果涂上颜色，避免颜色过深遮盖文字。

如果一棵朋友树不够，就让孩子多画几棵。

步骤3：涂色

学点脑科学

美国儿童社交专家弗雷德·弗兰克尔（Fred Frankel）和罗伯特·米亚特（Robert Myatt）指出，儿童在交朋友的过程中，最重要的一步是"找话聊"。他需要练习如何和对方交换信息，如姓名、爱好，等等。

在这个活动中，你可以帮助孩子梳理这些信息，让他在交朋友的过程中得心应手。

第 4 章

运动脑

如何运动才能
促进认知发展

第13节 粗大运动
爬走跑跳,每一步都是飞跃

你可能还记得,宝宝第一次抬头、第一次爬行、第一次颤巍巍地学会走路、第一次双脚跳时,你是多么激动欣喜。从爬到走、跑、跳,宝宝迈出的每一步,都是一次里程碑式的飞跃。

所有这些进步都和一个词有关——粗大运动。

什么是粗大运动呢?所有发生位置移动、调动手臂或者腿部肌肉力量的动作都是粗大运动,包括爬、走、跑、跳以及对较大物体的操作,特别是投掷性的动作。

需要纠正一个误区:粗大运动是动物都会做的,所以显得比较低级。其实,对大脑来说,粗大运动涉及很多高级认知活动。比如,请你现在收紧右臂。即使是完成这样一个简单的动作,大脑中的感知运动网络也在全力工作。

作为重要的脑功能网络之一，感知运动网络主要与额叶、顶叶、小脑等脑区有关。它既包含皮质区域，比如初级运动皮质、辅助运动区等直接或间接地控制大脑神经元的结构；也包含了皮质下结构，比如小脑和基底神经节。

当我们长大成人后，做出稳定可靠的粗大运动并不难。但是对孩子来说并不容易，你可以观察一下2岁的孩子，他可以用手抛皮球，但是好像没办法接住你扔给他的球。为什么我们每次都扔出轨迹一模一样的球，孩子还是接不住呢？

因为要接住球，大脑必须提前指挥胳膊在球的可能落点准备好，把手打开准备抓握。如果无法提前预测，等球飞来时再做反应的话，就已经太晚了。所以，虽然2岁的孩子肌肉骨骼可以完成粗大动作了，但是他的大脑皮质还无法根据你的抛球动作来预测球的落点。从这个例子你可以看出，再简单的粗大运动也需要大脑高级脑区活动的支持。

粗大运动的重要性

粗大运动需要大脑来指挥。反过来,粗大运动也能促进儿童大脑的发育。

有研究表明,无论是短期运动还是长期规律的有氧运动,都能增强儿童的执行功能。需要特别指出的是,有氧运动一般情况下都是粗大运动。

假如孩子久坐不动,会造成哪些影响呢?最直接的影响就是导致肥胖。你可能认为,孩子肥胖最多影响身体发育罢了。其实,肥胖的危害远不止于此。墨西哥的研究者分别对比了一群体重正常的孩子和体重超重的孩子,结果发现,体重超重的那组孩子在神经心理学评估中表现出执行认知能力降低的状况,比如,语言流利度较差。

粗大运动不仅让人的四肢更加发达,也让头脑变得更灵活。有的父母可能会说:"我家孩子不爱动,怎么办呢?"

与其监督孩子动起来,不如你和他一起锻炼粗大运动。只有当你觉得这是件愉快的事，孩子才会也这么认为。比如，你可以四肢着地，和宝宝一起模仿各种小动物行走；每天饭后带孩子出门散步、打球、骑自行车，让这类活动成为高质量陪伴的一部分。

想锻炼孩子的粗大运动，最好的做法就是让这类活动变得更有趣。如果你像训练专业运动员一样训练孩子，不断地拆解动作、反复练习，批评他不标准的动作，孩子会很快觉得无趣、受挫。不妨把粗大运动融入生活和游戏中。下面的"光脚走缤纷路""营救小动物""甩着绳子跳起来"这 3 个游戏或许可以帮到你。

1. 光脚走缤纷路（1岁以上）

训练目的

光脚在不同材质的平面上行走，会激起宝宝探索的欲望，让学步变得更有趣。而且，不同材质的"路"会刺激脚底，促进发育。

所需道具

1块棉布
1块脚垫
1件旧毛衣
1块凉席（可选择具有不同触感的材料作为替代，比如浴巾、床单、旧棉衣、皮衣等）

步骤讲解

步骤1：准备游戏区域

在室内清理出一片宽敞的游戏区域，其中不要出现尖硬的物品，以防宝宝摔倒而磕伤。

步骤2：铺一条缤纷的路

将不同材质的物品平铺在游戏区里，连成一串。地板本身也可以成为"缤纷路"的一部分。

步骤3：感受脚下材料的不同

让宝宝光脚走在"缤纷路"上，你可以拉住宝宝的一只小手给予支撑。

遇到宝宝特别喜欢的路段，还可以让他原地踏步踩一踩。

玩法变式

如果拉住宝宝的一只小手,他还不能走稳,你可以拉住他的双手给予支撑。

如果宝宝能够独立行走,可以放手让他自由奔走,充分感受"缤纷路"上各个路段的不同触感。

学点脑科学

光脚学步可以让脚部神经直接感受到来自地面的压力,更好地感知地面的高低变化。而且,光脚能锻炼足底肌肉和韧带,促进足弓的形成,有利于缓冲走跳时引起的震动。

2. 营救小动物（2岁以上）

训练目的

让宝宝尽可能地向高处跳跃，从而帮助宝宝锻炼腿部的肌肉力量。

所需道具

3～5个动物玩偶（柔软好抓握即可，毛巾和手绢也可以）

1个塑料多夹子晾衣架

步骤讲解

步骤1：将动物玩偶夹在晾衣架上

将动物玩偶逐一夹在晾衣架上，然后把晾衣架拎起来。

给宝宝讲一个动物遇险的故事作为引导："小动物们被怪兽抓走了，它把它们困在高高的地方，快来营救你的动物朋友吧！使劲儿跳，把小动物救下来吧！"

步骤2：跳跃技能示范

为宝宝做一个跳起来够取动物玩偶的示范。

你可以一边示范跳一边讲解:"跳得高才能营救小动物,怎么才能跳得高呢?跳之前,膝盖要微微弯曲,蹲下一点点,这样可以增加弹跳力。然后,双脚使劲蹬地,身体向上伸直,手臂向上举高高。"

步骤 3:宝宝跳起营救小动物!

将晾衣架的高度调整至宝宝跳起后能够取到的位置,让宝宝开始跳跃营救小动物。如果宝宝跳得更高,你可以不断地升高晾衣架,给宝宝新的挑战。

如果宝宝想跳,脚却不能离地,请不要着急。跳起动作需要经过长期的练习才能做到。

玩法变式

准备一卷彩色胶带纸,在家里空白的墙壁上贴出一个阶梯状的图形。然后,让宝宝随时自我挑战,跳起摸到哪一层阶梯,就在那个位置做个标记。让宝宝看到自己的进步,他会更有动力哦!

学点脑科学

跳起有助于锻炼宝宝的腿部肌肉力量,提高身体的协调能力、平衡能力、瞬间爆发力。跳起触摸的动作还能够提高宝宝的空间认知能力。

3. 甩着绳子跳起来（3.5岁以上）

训练目的

对于还不会跳绳的孩子来说，找到节奏感需要一段时间。不过，等他找到时，他的四肢配合的协调性会提高一大截。

所需道具

4根跳绳

步骤讲解

步骤1：准备游戏区域

在室内清理出一片游戏区域，避免其中出现尖硬的物品。如果条件允许，尽量到户外去，选择人少的公园或广场。

步骤2：甩绳子有技巧

你可以一边做示范动作一边描述动作要领。

两只手分别拿一根跳绳，在甩跳绳的过程中，在跳绳快要碰触地面时双脚离地跳起来。

步骤3：做个动作拆解

先甩跳绳再跳。和孩子一起站在原地，两人各自先双手甩一圈跳绳，再双脚离地跳起来。

熟悉动作后，你可以逐渐加快速度，让孩子跟上你的节奏。

玩法变式

如果孩子不能完成甩绳跳跃,你可以让孩子随意甩绳子跑跳,先熟悉肢体同时运动,不必强调节奏感。

如果孩子能够完成甩绳跳跃,你可以尝试和他一起完成双人跳绳。

学点脑科学

做组合动作的关键在于身体协调性,即身体作用肌群的时机正确,动作方向及速度恰当,动作平衡稳定且有韵律性。在各项体能训练中,协调性训练是最困难的,所以,孩子需要多花一点时间来进行练习。

第14节 精细动作
小动作也能促进大脑发育

在孩子的成长过程中,你有没有这样的发现:

比如,孩子在刚开始涂鸦的时候,用手掌来抓笔,画画的时候整条手臂都在移动,而且他很难控制笔的走向和力度,甚至把纸都给戳破了。

又比如,你想早一点培养孩子的自理能力,让他自己穿衣服、扣扣子,但你发现孩子很难快速把扣子准确地塞进扣眼里。

再比如,你和孩子一起折纸时,他很难把一张纸沿中线对折,哪怕他已经 3 岁多了。

上面这些例子中,涂鸦、扣扣子、折纸这些动作都和精细动作有关。为什么在我们大人看来如此简单的事情,对于孩子来说却这么困难呢?

我们通常把运动分为两大类,第一类是需要调动手臂、腿部等大肌肉力量的粗大运动,第二类就是精细动作。

精细动作是指孩子用手腕、手指这类小肌肉做出的比较精细化的小动作。当孩子把拇指和食指相对,手呈钳形抓握起一块积木时,他在锻炼手部动作和手眼协调能力;当孩子学说话时,他依靠舌头的小动作来发出不同的声音;当孩子开始阅读时,他试着控制眼球运动,追踪书中的文字。这些行为都离不开精细动作的发展。

你已经知道,精细动作涉及的是小肌肉的运动,对孩子认知的发展意义重大。锻炼孩子的精细动作,也是在锻炼孩子的大脑。我们先来看看,精细动作的发展和大脑具体有哪些关系。

在脑科学中,科学家尝试寻找身体部分和大脑皮质的对应关系,这些关系可以用一个"运动小人"的图像描绘出来。

这个"运动小人"图形象地标记了身体各部位在大脑初级运动皮质中的对应位置。

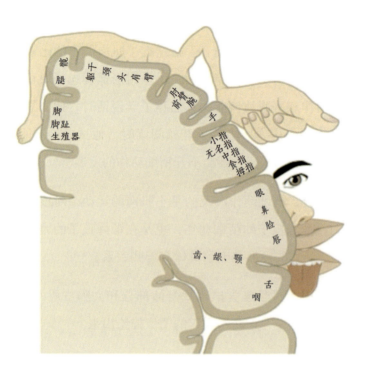

由图可见，在大脑中，控制手指的皮质占了很大的比例，甚至超过了控制躯干的皮质面积，这使得小人呈现为一个有着巨大双手的小矮人。之所以会这样，是因为只有保证对手指的精细控制，我们才能更好地使用工具。

影响精细动作的另一个脑区是小脑。小脑和基底核区域能够协调各种信息，脊髓感觉系统等脑区把信号汇总到小脑，然后由小脑进行整理和决策，控制和调整小动作的发生。当孩子稳稳地用勺子把饭送到嘴边时，他的小脑正保持着活跃。反过来，精细动作对小脑也有促进作用，会推动小脑和基底核的协调发展。

小运动影响大脑瓜。很多追踪研究显示，宝宝的精细动作能力可能会预示他未来的各项认知能力。

比如，宝宝的精细动作能力越强，他未来在幼儿园的数学能力和阅读水平就越强，社会交往能力也越好；他会有更强的注意力，对指令的理解更好，在完成任务时也能坚持更久。

因此，精细动作虽小，却可能影响孩子的大发展。

在游戏中让孩子心灵手巧

既然精细动作这么重要,你可能会问:"我怎么知道孩子这方面的能力发展怎样?平时怎样帮他锻炼呢?"

美国最常被使用的发展心理学教材之一《伯克毕生发展心理学》(*Development Through the Lifespan*)中提到,不同年龄的儿童可以完成不同难度的精细动作任务。比如:

- 14个月,能简单涂鸦;
- 2~3岁,能穿脱简单的衣服,能拉拉锁,能比较熟练地使用勺子;
- 3~4岁,能系上和解开较大的衣扣,能自主吃饭,能简单使用剪刀,能模仿画直线和圆,能用简单的线条画小人;
- 4~5岁,能用剪刀沿着线剪东西,能模仿画三角形、十字和一些字母。
- 5~6岁,能用刀切软的食物,能系鞋带,能按几个身体部位画出一个人,能模仿写数字和简单的单词。

上文列举的年龄段是依据大多数儿童的发育情况划分的。不同儿童各种能力发展的个体差异很大，只要孩子没有滞后很多，你就不必过于担心。

想锻炼孩子的精细动作，你可以多和他进行动手类的活动，比如一起揉捏橡皮泥，用手指作画，或是一起剪个纸娃娃，等等。刚开始孩子可能笨手笨脚的，你不要怕麻烦，只要引导他慢慢练习，孩子会变得心灵手巧的。

对于 4 岁以上的孩子，还有一个小妙招：你可以和他边听音乐，边用手指打拍子，从拇指开始，直到小指，多来几次。这个游戏既锻炼了孩子的手指肌肉，也活动了大脑中负责协调不同脑区活动的胼胝体，等于在给大脑做保健操。

你看，对孩子精细动作的锻炼其实可以被巧妙地融入游戏中。还有哪些好玩又有用的游戏呢？下面的"碰碰飞""喝水的塑料瓶""挑棍游戏王"这 3 个游戏或许可以帮到你。

1. 碰碰飞（2岁以上）

训练目的

手指间像连着线，一根动另一根也动。你可以和宝宝玩这个游戏，帮他的手指做做操。

步骤讲解

步骤1：找到活动场地

选择一个舒适的活动场地，然后和宝宝一起找一个舒服的姿势。

步骤2：示范手指动作

你可以先自己做一遍给宝宝看。伸出两根食指，连续碰两下，然后分开。在说"碰"的时候，指尖碰在一起，说"飞"的时候，两根食指做出分开的动作。

然后根据节奏把动作连续起来，比如"碰碰飞"即"指尖连续碰两下，然后手指分开"。

步骤 3：带着宝宝一起碰碰飞

如果宝宝还不能像你一样可以把食指以外的四指都握住，可以让宝宝张开手，然后用自己的食指跟着你完成这套动作就好。

玩法变式

如果宝宝不能完成食指对对碰的动作，你可以帮他伸出食指，然后抓着他的手完成这个游戏。如果宝宝已经可以张开手完成这个游戏，你可以尝试让他攥住拳头，然后只伸出食指来做。你也可以给出不同的动作节奏指令，比如"碰碰碰碰飞"，即"指尖连续碰四下，然后手指分开"。

学点脑科学

在精细动作的发展中，手部小肌肉群控制与协调能力是完成活动的前提。精细动作作为一种复杂的手部运动技能，其学习过程刺激着大脑发育。随着不断的练习，精细动作与高级神经系统双向促进，不仅锻炼了手部动作技能，也促进了认知能力的发展。

2. 喝水的塑料瓶（3.5岁以上）

训练目的

先给塑料瓶装满水，然后再挤压喷水，这一过程可以全面锻炼手部精细动作、肌肉力量以及手眼协调能力。

所需道具

1～2个空塑料瓶
1个盆

步骤讲解

步骤1：找到活动场地

在户外选择一个宽敞安全的活动场地，家附近有水泥地的公园或广场最佳。

步骤2：准备道具

将盆装满水，然后将水瓶的盖子拧紧，并在盖子上扎两三个洞。准备完毕后，就可以带上道具和孩子去活动场地了。

步骤3：给塑料瓶"喝水"

你可以一边示范一边讲解："看，把塑料瓶倒过来，放进水盆里，然后使劲按塑料瓶的瓶身，瓶子被挤扁了会把空气吐出来，这时松手，水就会从塑料瓶盖上的孔流进瓶子里。这样瓶子就喝饱水了，然后挤压，就可以在地上画水画啦。"

玩法变式

如果孩子手部力量不够,不能让塑料瓶吸进水,你可以手把手地帮他挤压瓶身吸水,然后在地面上画画。你也可以换一个更容易挤压的塑料容器。如果孩子能够自己完成这个活动,那么可以将一些食用颜料放入水中,鼓励孩子在地面上画一幅水彩画。

学点脑科学

手眼协调能力指的是视觉-运动整合能力,它体现了孩子应用视觉机能来执行复杂手眼协调任务的水平。纽维尔·凯普哈特(Newell Kephart)的知觉-动作发展理论认为,动作技能是最先得到发展的,随后才是各种认知技能的发展,这一发展进程的层次性体现为:运动控制能力—全面的探索能力—知觉—跨通道知觉整合—概念形成。可见,在儿童发展的早期,动作技能是各种能力发展的基础。

3. 挑棍游戏王(4.5岁以上)

训练目的

作为一种竞赛类游戏,挑棍既动手又动脑,经常玩对手部精细动作控制力的训练很有帮助。

所需道具

20根游戏棒(雪糕棍、牙签、筷子等可以作为替代)

步骤讲解

步骤1:找到活动场地

选择一个舒适的活动场地,可以是室内也可以是户外。找到一块干净的平面,可以是桌面或地面。

步骤2:约定活动规则

让孩子将一把游戏棒立起来握在手中,然后在半空中松开手使游戏棒散落在桌上。接下来,你和孩子轮流捡游戏棒。如果游戏棒落在一起有交叉,那么捡起一根的时候不能让旁边的其他游戏棒移动位置,如果不慎碰到，就失去这次机会，轮到另一人捡棒，直到游戏棒被捡完。

步骤 3：看谁捡得多

游戏引入竞争机制，爸爸妈妈和孩子一起玩。三人轮流捡棒，谁捡得最多，谁就是胜利者。

玩法变式

如果孩子玩得不太顺畅，你可以在比赛开始前把游戏棒摆得分散一点，或者减少游戏棒的数量，从而降低难度。在游戏过程中，你要多多观察，总结孩子玩不好的原因，指点他如何选择要捡的游戏棒，有哪些技巧，等等。

如果孩子玩得很顺畅，那么可以增加游戏棒的数量，大家一起来挑战！

学点脑科学

著名的儿童心理学家皮亚杰认为,动作是孩子与环境互动的工具,在孩子与外界互动、操作物品的时候,他的思维会得到建构和发展。

孩子对事物的心理表征很大程度上是通过动作经验建立起来的,这是孩子认识事物、形成概念的重要基础。

第15节 体适能
身体适应外界环境的综合能力

你有没有经历过这样的场景:

- 坐在汽车上,没过多久就觉得头晕;
- 立定跳远时,发现跳出去的距离还不如跨一步的长;
- 电梯坏了,走楼梯时上到二楼就已经心跳加速,需要歇一歇;
- 做站立体前屈,发现手指不能摸到地面……

其实这些情境都涉及体适能的重要方面。如果你有过以上某种经历，你的体适能就可能在某个方面有所欠缺。什么是体适能？如何从孩童时期起增强体适能？

简单来说，体适能（physical fitness）就是身体适应外界环境的能力。世界卫生组织（WHO）给出的定义是：在处理日常工作之外，你的身体不会感到过度疲劳，并有足够的体力去享受休闲时光、应付意外事件，这种综合能力就是体适能。它包括平衡感、爆发力、肌耐力、柔韧性等方面。

对孩子来说，当他学习稳稳地坐、站立和走路时，他正在锻炼平衡能力；当他在游戏中跑得快、跳得远时，他正在锻炼瞬间爆发力；如果他疯玩一小时还不觉得累，说明他的肌耐力较好；当他抱起脚趾头塞到嘴里啃时，你知道，他开始炫耀自己的柔韧性了。

你看，孩子的大部分动作都和体适能分不开。如果孩子勤于锻炼，从小就有不错的体适能，那么他不仅运动能力更强，还不会因为身体原因影响学习和娱乐。良好的运动习惯能培养强大的体适能——孩子受益终身的礼物。

体适能不仅与健康和体力锻炼有关,更与孩子的大脑与认知发展有关。

体适能的任一方面都离不开大脑的精确控制。就拿对孩子尤其重要的平衡感来说吧:对你来说,站、走、跑都不成问题,不过对孩子来说,最开始时,稳稳地站、走、跑对平衡技巧都是挑战。它涉及前庭觉、躯体感觉、视觉系统等多个感觉系统,具体来说:

前庭觉为大脑提供头部的角度信息和转动的运动学信息,从而调节身体的平衡。前庭觉发达的人,转圈不容易晕。躯体感觉是指对身体部位空间位置和相对位置的感觉。比如,即使闭着眼睛,你也知道腿和手肘的位置;闭上眼睛平举双臂,你也能做得不错。当然,还有最重要的视觉系统,眼睛可以直接告诉我们身体周边的空间信息。

只有当这些感觉系统协调合作时,孩子才能保持身体的平衡。体适能的其他方面也一样，离不开大脑的控制。同时，体适能水平较高的孩子，大脑的发育也更好。

匹兹堡大学和伊利诺伊大学的脑认知科学家发现，体适能水平较高的儿童，有着更大体积的海马和基底核，在海马、尾状核和伏隔核脑区有着更完整的白质纤维；他们的执行功能较好，脑活动模式更有效，因而在认知行为和学业表现上表现更好。

除了与更强的认知功能有关，强大的体适能还能增强孩子的抗挫力。很多研究结果显示，有氧运动能增强体适能，同时，HPA 轴（下丘脑 – 垂体 – 肾上腺轴）的反应降低，与压力有关的皮质醇激素释放减少，心跳也相对更慢。所以，想培养适应未来社会的抗压小能手，现在开始就和孩子一起锻炼体适能吧。

如何增强孩子的体适能

运动是个好习惯，那么，针对学龄前儿童，增强体适能的措施具体有哪些呢？

美国缅因州提出过一项主要针对青少年的"5-2-1-0"计划，它指的是，每天吃 5 种以上的水果和蔬菜，看电视或使用电脑的时间不超过 2 小时，进行 1 小时以上中等强度的体育锻炼，不喝含糖饮料等。对 6 岁以下的儿童来说，这一计划的大方向仍是适用的，比如远离手机，多进行户外锻炼。

不同年龄儿童的作息差异比较大，运动方式也不尽相同。比如，在电子设备的使用方面，1 岁半以下的宝宝最好完全远离各种电子屏幕；2～5 岁的儿童每天看手机、电视、平板电脑的时间不要超过 1 小时。就运动方式来看，美国著名的梅奥诊所推荐 2～5 岁的儿童主要进行基础的运动，比如跑步、翻跟头、投掷和游泳；6 岁以上的儿童才适合参与有组织的团体活动。

运动科学一般不建议对学龄前儿童进行高强度的早期专项训练，儿童的骨骼、关节正在发育，并且发育程度存在一定的个体差异，成人的体适能活动标准是不能照搬到他们身上的。不过，你可以发挥创意，在游戏中锻炼孩子的体适能。最常见的就是假装游戏，比如，让孩子装扮成青蛙王子，学青蛙蹲、青蛙走，考验孩子的平衡能力；随着孩子的力量发展，你们可以玩跳跳蛙的游戏，锻炼孩子的下肢肌耐力和爆发力。

想了解更多有效的体适能练习的游戏和方法吗？下面的"百变动物咖""小兔串门""幻椅坐坐"这3个游戏或许可以帮到你。

1. 百变动物咖（2岁以上）

训练目的

宝宝对于模仿小动物走路总是乐此不疲。和他一起学鸭子、螃蟹、大象走路，模仿得不像不要紧，最重要的是采用不同姿势行走以锻炼身体的平衡能力和协调性。

所需道具

1张鸭子认知卡
1张螃蟹认知卡
1张大象认知卡
（如果没有认知卡，可以在电子设备上搜索动物的照片，也可以画出来）

步骤讲解

步骤1：模仿鸭子走路

你可以先向宝宝展示鸭子的认知卡，然后一边模仿鸭子走路一边告诉宝宝："这是小鸭子。小鸭子走起路来摇摇摆摆的。"

你可以半蹲，将手背到身后，一边左右摇摆着走路，一边上下点头。然后，让宝宝和你一起模仿鸭子走路。

步骤2：螃蟹横着走

向宝宝展示螃蟹的认知卡，告诉宝宝："这是小螃蟹。小螃蟹走路的时候是横着走的。"

让宝宝和你一起把手举起来，假装成大钳子，然后模仿螃蟹横着走。

步骤3：大象摇着鼻子走

指着大象认知卡，告诉宝宝："大象的腿粗粗的，鼻子长长的。大象走起路来非常稳，但是鼻子会左右甩起来。"

让宝宝模仿你的动作，弯下腰，一只手放在背后，一只手伸展触摸地面，然后一边平稳缓慢地向前走，一边晃动触摸地面的手。

玩法变式

如果宝宝模仿得不标准，可以简化模仿的动作，比如模仿鸭子时可以不用半蹲，只要把手放在背后即可；模仿螃蟹时，只要横着走就可以；模仿大象时，可以不用弯腰单手摸地。

如果宝宝能够完成这些模仿动作，你还可以带他模仿更多的动物，比如企鹅、蝴蝶。

像企鹅一样走路：两只脚摆出外八字的姿势，两只手放在身体两侧，手心朝下，手背翘起，摇摇摆摆地走。

像蝴蝶一样飞舞：将两条手臂打开，上下挥舞，在挥舞的同时快步走。

学点脑科学

协调能力是指两个或两个以上的动作或事件同时发生或相继发生时，相互间所形成的一种彼此适应、配合得当的人体运动状态或动作时空关系。

在模仿动物时，宝宝摆出不同姿势行走，需要身体各个部位配合同时完成两个甚至两个以上的动作。活动不仅促进了宝宝身体协调性的发展，还锻炼了动态平衡能力，而动态平衡能力是幼儿的基本动作能力，是走、跑、跳、攀、登等动作的基础。

模仿动物的不同走姿，能够让宝宝学习在重心位置不同的情况下完成平稳的行走。

2. 小兔串门（2.5 岁以上）

训练目的

让宝宝模仿小兔子去拜访其他小动物的家，在游戏中训练宝宝的平衡能力以及爆发力。

所需道具

可在室内地板上画画的可擦洗水彩笔（或者可在户外地面上画画的粉笔、红砖块等）

步骤讲解

步骤 1：自创彩色房子

在室内或户外的地面上画出不同形状的"动物之家"，比如三角形、梯形、圆形、正方形、长方形的房子。

这些图形可以围成一个圈，也可以排成一排。相邻的两个图形之间的距离在 10～15 厘米。

步骤 2：蹦跳去串门

你可以引导宝宝说："三角形房子是哪个小动物的家？"

宝宝可能会回答："小狗的家。"

你可以回答："那么我们去小狗家串门吧！"然后和宝宝一起跳进三角形里。

"圆形房子是哪个小动物的家？"

宝宝可能会回答："小猫的家。"

你可以回答:"那么我们去小猫家串门吧!"然后和宝宝一起跳进圆形里。

如果在家里玩,你们可以把动物玩偶放在每个图形里。

步骤3:路过谁的家

你可以说:"小兔子蹦跳去串门,要去小猫的家。去小猫的家要路过小狗的家。现在我们要连跳两下,先跳到三角形的小狗家,再跳到圆形的小猫家。"

然后,你带着宝宝一起连续跳进两个图形里。

玩法变式

如果宝宝向前跳跃的能力比较弱,可以牵着宝宝的一只小手辅助他跳,或者让他距离形状的边缘近一点跳。

如果宝宝的跳跃能力比较强,你可以让宝宝自己连续跳进两个以上的图形。

学点脑科学

动态平衡能力指在运动的状态下,对人体重心和姿势的调整和控制能力,如走、跑、跳等运动中身体平衡的维持。

宝宝在蹦跳的过程中,身体原有平衡不断被打破,需要不断地调整自己的姿势来维持新的平衡。

蹦跳活动不仅锻炼了宝宝的动态平衡能力,还可以改善爆发力。

爆发力是指肌肉在最短的时间内产生最高收缩速度和最大力量来克服阻力的能力。尤其是在完成一个动作或一项运动时,爆发力将为身体提供重要的动力。起跳的动作以及跳出的垂直或水平距离最能体现爆发力的强弱。

3. 幻椅坐坐（4岁以上）

训练目的

想象靠墙放着几把高低不同的椅子，让孩子坐一坐，看看他能坚持多久，在此过程中锻炼孩子的平衡能力和肌耐力。

步骤讲解

步骤1：准备活动区域

在室内找到一个宽敞的、靠墙的活动区域，将附近的尖硬物品都清理干净。

步骤2：约定活动规则

和孩子约定活动规则时，要一边讲解一边示范动作：背靠墙壁，下蹲，膝盖不要超过脚尖，就像坐在高椅背的椅子上一样。

步骤 3：引入竞争机制

你可以和孩子一起参与到这个游戏中来，看谁的下蹲姿势更标准，谁保持"坐姿"的时间更长。

玩法变式

如果孩子的肌耐力非常好，可以让孩子挑战背靠墙壁，反复地缓慢蹲起，看看他能坚持多少次。

学点脑科学

静态平衡能力是指维持人体重心与姿势相对静止的能力，如坐位、站立位等。

变换并保持不同的姿势，能够让孩子学习在重心位置不同的情况下保持平衡。

肌耐力是指当使用肌肉维持某种肌力时，能持续用力的时间或反复的次数。保持不同的姿势可以锻炼不同位置的肌耐力。对孩子来说，腿部肌耐力是最基础的肌耐力评定和训练项目之一。

第16节 健康管理
宝宝身体健康是父母心中的头等大事

成人需要注意健康问题,要定期去医院体检,学习一些健康常识。儿童亦然。教育部颁发的《3～6岁儿童学习与发展指南》(后文简称《指南》)共包括 5 个部分:健康、语言、社会、科学和艺术。健康被摆放在发展的首要位置。《指南》对健康的定义是"人在身体、心理和社会适应方面的良好状态"。

具体来说,睡眠、饮食、卫生和安全意识这四大方面是健康的重要组成部分。想养育健康的孩子,你需要帮他养成规律的生活方式,树立正确的安全意识。

健康生活始于规律作息

我们先来说说睡眠这个重要的健康话题。

刚出生的婴儿,睡眠基本占据其大部分时间。随着年龄的增长,儿童必需的睡眠时间也在慢慢减少。不过，足够的休息时间始终是良好发育的保证。

脑认知科学家罗素·福斯特（Russell Foster）发现，人在睡觉时，某些脑区甚至比清醒时更活跃。睡眠的激发和一个名为视交叉上核的脑结构有关。这个脑结构位于下丘脑的下方，所起的作用就像生物钟一样。它在与其他脑结构的互动中传递信息，控制孩子起床和睡觉的时间。

睡眠的作用有很多。当你感到疲惫乏力时，休息一会儿，体力就会有所恢复。在脑认知科学家看来，睡眠还是最省力的学习方法。

美国西北大学在《科学》（Science）杂志上发表的研究结果表明，在慢波睡眠状态下，也就是深度睡眠中，大量的神经元能够被同时激活，并在激活过程中巩固记忆。比如，如果在睡前把一段音乐和特定位置的某样东西联系起来，并在睡眠过程中播放这段音乐，睡醒后的实验参与者就能更准确地找出那样东西。所以，大脑在睡眠和放松时也在整合已经吸收的信息。

良好的睡眠质量能够强化儿童的记忆和学习能力。反之，如果睡眠不足，儿童的记忆力、学习能力都可能变差，情绪也会更冲动。

作为家长，你可以帮孩子形成固定的睡前习惯，比如睡前 2 小时内避免进行剧烈的运动，多为孩子读睡前故事。另外，孩子需要一个舒适的休息环境。睡前不使用手机、平板电脑等电子产品能让孩子睡得更好，因为电子产品会发出大量蓝光，降低"睡眠荷尔蒙"褪黑素的分泌，影响睡眠质量。

身心健康的把关者：卫生习惯

卫生习惯是健康生活的又一个重要部分。《指南》中提到，孩子需要早晚刷牙，饭前便后勤洗手，不可以用脏手揉眼睛，等等。这些卫生习惯分散在生活的方方面面，是孩子健康的"守门人"。

注意卫生并不意味着家里要一尘不染。有的父母会格外担心孩子是否干干净净的，外出时不许孩子玩泥土，每小时都给孩子洗手，甚至到了谈"菌"色变的地步。其实这大可不必。孩子靠舌头和手感知世界，让他们自由地"摸爬滚打"对于成长十分重要。并且，适当地接触多样的菌群，会对孩子的免疫系统产生有益影响。所以，在培养孩子卫生习惯的同时，你无须过于紧张。

让孩子形成良好的健康习惯

如何让孩子形成良好的健康习惯呢？这对很多父母来说都是难题。强制的方法对孩子来说往往不管用，要怎样科学地帮助孩子养成健康习惯呢？

认知心理学家彼得·戈尔维策（Peter Gollwitzer）提供了一个有效方法，总结起来就是两个关键词：如果-那么（if-then）。也就是说，如果出现某种情况，那么你就要做某个行为，从而给习惯创造动力。

举个例子，你希望自己能够多多锻炼身体，你的计划可以是："如果我坐公交车回家，那么我就提前两个车站下车，然后走路回去。"同样，想让孩子养成洗手的习惯，每天对他说"我们要勤洗手"是不够的，还需要建立"如果 – 那么"的联系。比如对孩子说"如果你准备吃饭了，那么就先去洗手"，他就在具体情境和行动之间建立了联系，慢慢地就会习惯成自然。

谈到培养习惯，你一定听过"养成一个习惯只需 21 天"的说法，但该说法并不科学。伦敦大学学院的健康心理学家通过实验发现，平均下来，参与者需要 66 天甚至更久才能养成新习惯。不过，新习惯需要重复才能形成，自动化后才能固定成习惯保持下去，这些观点是无误的。希望孩子养成健康的生活方式，你需要多些耐心，多运用技巧。

除了睡眠和卫生习惯，饮食和安全教育是健康生活的另外两个重要方面。关于饮食，虽然有的孩子有些挑食，但只要营养均衡，不影响健康，其实都不用太担心，咱们大人不是也有自己的食物偏好嘛。至于安全教育，重点不在于"不和陌生人说话""不吃陌生人给的东西"，而应该教孩子对环境中的可疑现象保持警觉。如何培养警觉性强的孩子呢？在和孩子玩角色扮演游戏的时候，你不妨在正常行为中间掺入一些比较明显的可疑行为，让孩子来做区分，这样他会更容易发现危险。

帮助孩子自小养成健康的生活方式，会让孩子在未来受益。如何帮助孩子养成健康的生活方式？下面的"便便在哪里？""红灯停绿灯行""小动物朝前跑"这3个游戏或许可以帮到你。

1. 便便在哪里？（2岁以上）

训练目的

通过假装如厕的游戏培养宝宝如厕意识和能力，帮他逐步摆脱纸尿裤。

所需道具

1个小马桶
2～5个动物玩偶
1块黑色橡皮泥

步骤讲解

步骤1：准备小动物的便便

用黑色的橡皮泥捏一些小动物的便便。

步骤2：小动物上厕所

配合宝宝玩一场如厕的假扮游戏吧，你可以先为宝宝演示一下。

你可以先拿着小羊玩偶说："哎呀，肚子咕噜咕噜的，想要拉便便，快让我坐上小马桶。"

让玩偶坐上小马桶，你说："用力用力再用力，便便出来了。"

与此同时，你悄悄把玩偶的"便便"放进小马桶。

把玩偶拿起来之后，问宝宝："小羊的便便在哪里？"

你可以指着小马桶说："在这里！"

步骤3：宝宝帮帮忙

尝试让宝宝来帮助小动物上厕所吧!

你可以假扮小狗说话:"肚子咕噜咕噜,想要拉便便。怎么办呢?你可以带我去坐小马桶吗?"

让宝宝把小狗玩偶放在小马桶上,你悄悄地将小狗的"便便"放进马桶里。

等小狗拉完便便之后,你可以问宝宝:"小狗的便便在哪里?"宝宝一定会像发现新大陆一样,指着马桶里的"便便",说:"在这里!"

步骤4：宝宝的便便在哪里?

当小动物们都去完厕所之后,你可以问问宝宝:"你的便便在哪里?"看看宝宝会怎么回答你吧!

玩法变式

你还可以选择一些关于如厕训练的绘本读给宝宝听,比如《你的便便在哪里》和"噼里啪啦"系列的《我要拉屁屁》等等,帮宝宝培养拉便便时要坐小马桶的习惯。

学点脑科学

游戏通常设有目标和及时反馈,能力和任务相匹配,这样才能一直吸引我们玩下去。

如厕等自理能力的养成不是一朝一夕的事情,如果只是机械化的训练,孩子不感兴趣,效果也不会好。带孩子通过假装游戏的方式,实现玩中学、做中学,快乐地掌握生活技能吧。

2. 红灯停绿灯行（3岁以上）

训练目的

通过游戏让孩子知道"红灯停，绿灯行"的交通规则，并且坚持遵守规则。

所需道具

2张空白卡片
红色和绿色水彩笔各1支
1个皮球
1根白色粉笔

步骤讲解

步骤1：准备工作

在户外选择一个宽敞的活动场地，用粉笔在地上画一个迷你十字路口，并在四面标记出斑马线。

然后，将两张卡片分别涂成红色和绿色。

步骤2：红灯停绿灯行

和孩子约定游戏规则：

在路口过马路时，"行人"要走斑马线。"交警"举绿色卡片时，"行人"可以畅行，"交警"举红色卡片时，"行人"就要退回到斑马线的两端。

"交警"举红色卡片时，会向斑马线内任意范围投球，"行人"在斑马线范围内被球砸中即输。

"交警"可快速变换卡片，考验行人的反应能力。

步骤 3：轮流做交警

你可以和孩子轮流做"交警"和"行人",看看谁被球砸中的次数更多。

学点脑科学

如果某个事件总是伴随着特定的结果,或者结果只出现过一次却很有刺激性,那么当事情再次发生时,大脑就会自动生成强烈的记忆联结。

比如在红灯停绿灯行的游戏中,如果孩子不断被球砸中,他就会意识到,在现实世界中不遵守交通规则就容易被车撞到。对交通规则的理解能促使孩子遵守交通规则。

3. 小动物朝前跑（3.5岁以上）

训练目的

通过寻找标记的游戏来帮孩子区别衣服的正背面。

所需道具

2～3件孩子的上衣

2～3条裤子

若干张小动物头像贴纸

步骤讲解

步骤1：准备工作

你可以先在上衣的正面和裤子的正面贴上小动物头像贴纸，然后把衣服丢在一起。

步骤2：找一找、摆一摆

你可以引导孩子说："小动物朝前跑，所以它们的脸都在上衣和裤子的正面，现在你来找找上衣和裤子的正面吧。"

请孩子从衣服堆里将上衣和裤子一一挑出来，正面朝上平铺在床上。

步骤3：前后大不同

和孩子一起观察一下衣服正背面有什么不一样。

比如，上衣的领口前低后高，上衣的扣子在正面；裤子的兜兜在背面，裤子的前襟在正面，等等。

步骤 4：贴一贴、摆一摆

当孩子学会观察衣服正背面的不同后，你可以把衣服正面的小动物头像贴纸撕掉。然后请孩子自己分辨衣服的正背面，自己动手将小动物头像贴纸贴在衣服的正面。

玩法变式

你可以让孩子"指导"你穿衣服，拿出一件衣服来，让孩子区分正背面，你按照他的判断穿衣服，看看是对还是错。你也可以让孩子试着穿上背面朝前的衣服，感受一下有什么不同。

学点脑科学

大脑可以通过将不同的经历和技能联系在一起进行学习，并形成联想网络。例如，当孩子知道动物都是正面朝前跑时，就会把衣服正面和动物的正脸联系起来，从而记住衣服正背面的区别。试穿背面朝前的衣服时，孩子就会体验到区分衣服正背的重要性，以后穿衣时就会主动分辨正背。

第 5 章

创意脑

如何让孩子
富有创造力

第17节 创造性体验
让大脑享受放松，它会更活跃

生活中，你有没有过一些心旷神怡的体验？

比如，你来到博物馆，站在梵高的《星空》前。看着画面中仿佛在流动的星云，你仿佛穿越到了19世纪末的法国小镇，感受着夜晚宁静中孕育着的勃勃生机。不知不觉，在浓烈的艺术感受中，你的身心充满了力量。

无论是欣赏艺术作品，还是感受大自然；是安静地放空，还是随性地创作，都能带来创造性体验。

所谓创造性体验是指，通过环境创设、艺术创作、放空觉察等方式来提升创造力的过程。

为什么看似放松的体验性活动也能提升创造力呢？脑认知科学家的研究发现，相比精力集中的思考，我们的大脑在享受创造性体验时更为活跃，就连平时联系不怎么紧密的脑区也会密切交流。所以，创造性体验看似轻松，实则是一种有强度且有益的大脑体操。

孩子的成长过程中有很多创造性体验的瞬间。比如，他会拿着蜡笔在纸上肆意挥舞；会用面粉加水捏捏揉揉，把自己涂抹成小面人；会看着地上的蚂蚁静静发呆，好像下一秒就能悟出高深的人生哲学。

这样的瞬间不胜枚举，你可能觉得它们没什么大不了，有时候还嫌弃孩子不讲卫生，增加了你的家务负担。但实际上，创造性体验对孩子的成长至关重要。

脑认知科学家还发现，当你享受创造性的体验时，你的大脑也在奖赏自己。

比如，欣赏一首韵律和谐的乐曲或一幅美丽的油画时，你会感觉身心愉悦。如果这时使用功能性磁共振成像将你的大脑可视化，你会发现，大脑中属于奖赏回路的脑区被明显激活了。

当你欣赏美景时，大脑也能意识到。当你看到喜欢的场景时，相较于不喜欢的景色，海马旁回和腹侧纹状体右侧的神经元会更加活跃，这意味着你感到心情愉悦和受到了奖赏。

当你和孩子做一件事情时，如果是因为喜欢而进入了忘我状态，你们就是在享受"心流"的体验，即一种全神贯注地投入到活动中的体验。

在创造性体验中，受奖赏的大脑很容易带人进入心流状态。孩子或陶醉于自然风景中，或专注于自己的艺术创作，不容易受到外界干扰，也不会为结果好坏感到焦虑，而是融入了自然世界与精神世界。研究也发现，在这种状态下，孩子心情愉快、精力充沛，可能会创造出令人惊叹的成果。并且，在日常生活中体验到的心流状态越多，孩子整体上就会感觉越幸福。

让孩子在玩耍中创造

你已经知道，孩子进行创造性体验时，大脑正奖赏着他。因此，既能让他的大脑得到锻炼，还能让他保持愉悦的、受鼓励的心情，何乐而不为呢？

于是，有的父母把孩子送到绘画班、钢琴班，让孩子跟着老师的节奏，一招一式地学；有的父母把孩子的假期安排得满满当当，带孩子游览各处人文景点，希望孩子能够积淀人文情怀……可是，这样真的能增加孩子的创造性体验吗？

并不能。在绘画时一味地强调"画得像"，不仅会毁掉孩子的绘画兴趣，还会破坏他独特的灵感；如果把孩子的假期安排得过满，孩子不仅会疲劳，也无法发掘自己的内在兴趣，更何况，对于很小的孩子来说，人文景观往往比较"没意思"。

既然如此，你应该怎么做呢？

一方面，只有在轻松的氛围中，孩子才会有创造性的体验。父母得为孩子提供一个宽松的活动环境，比如一个可以肆意涂画、足够宽敞的地方，或者常常带孩子亲近大自然——孩子是天生的观察者、探险者。

另一方面，孩子才是创作的主体，父母应该更多地扮演提示者、引导者的角色。你要做的，就是带孩子观察身边的世界，鼓励他用手触摸凹凸不平的树皮，用脚感受泥土的温度。同时，你要鼓励孩子随意创作，把他的好点子记录下来。比如，你可以收藏起孩子随手的涂鸦，在下次想看他画画时拿出来，装作自言自语地说："这是谁的画？真有意思！"不用多说什么，孩子就可能准备再露一手啦。

作为培养创造力的重要入口，创造性体验是一种审美、一种觉察，也是一种创作。它会让孩子更容易进入心流状态，创造出让你禁不住惊叹的事物。具体来看，怎样才能为孩子提供一个适合创造的轻松环境？怎样才能陪伴孩子进入心流状态呢？下面的"棉被游泳池""冒泡小工厂""制造彩虹"这3个游戏或许可以帮到你。

1. 棉被游泳池（1.5岁以上）

训练目的

在柔软的棉被里假装游泳，让宝宝体验灵活运用生活物品来进行玩耍的乐趣。

所需道具

1床棉被

步骤讲解

步骤1：布置环境

把棉被展开平铺在床上，如果可以，就多铺几层，做出更厚实、松软的"游泳池"来。

步骤2：示范游泳

你平躺到棉被上，身体呈"大"字形，然后划动四肢，对宝宝说："我在棉被泳池里划水啦！"邀请宝宝加入吧！

步骤 3：制造波浪

你还可以用小被子假装成波浪，用枕头假装成水面上的小船。在松松软软的被子枕头间畅游一番，也是一个很好的睡前仪式。

玩法变式

把被子的左右两边卷起来，中间留出一条"隧道"。鼓励宝宝从一端钻过去，匍匐前进爬呀爬，从你守在的另一端出来。等宝宝钻出"隧道"，就给他一个温暖的笑容和一个大大的拥抱！

学点脑科学

在假装游泳的游戏中，宝宝通过温暖的触觉，模仿父母游泳的动作带来的运动体验，积累了一系列的具体经验和知识。这些体验也成为宝宝日后进行创造的重要素材来源，因为只有亲身接触和感受各种各样的物体和事件，才能把它们充分运用于自己的创造性表现中。

2. 冒泡小工厂（3岁以上）

训练目的

通过可视化的方式，让孩子认识不可见的空气。揭示日常生活中的科学因素，激发孩子的好奇心。

所需道具

1碗清水
1个透明杯子
2根粗吸管

步骤讲解

步骤1：看不见却很重要

告诉孩子，在这个活动里，你有一个办法，能让看不见的空气变得可见。

步骤2：制造小气泡

在水中吹出气泡，然后让孩子把杯子倒扣在装满水的碗里，扣住气泡。让杯子稍微倾斜，可以观察到气泡是如何从杯子里"溜"出来的。

你可以给孩子解释："因为空气比水轻，所以气泡在水中会上升。一个个小气泡，就是空气的样子。"

步骤3：进一步发散

请孩子进一步想想这个问题：周围存在着许多很重要的、我们看不见的东西。你能想到哪些呢？

这一步骤旨在打开孩子的思维，所以请给予孩子充足的时间自由发言。

步骤4：逐一检视想法

记下你们发散思维后想到的东西，并逐个说说它们为何重要。

这样不仅能够调动孩子积极思考、锻炼口头表达，更能教会他"发散-聚合"的创意策略。

玩法变式

孩子对"气体"的可见形态——气泡，有了更生动的认知。你们还可以继续寻找生活中的气泡，比如碳酸饮料里的小气泡、吹出的肥皂泡……

进一步和孩子讨论发散，还有什么办法看到那些"看不见却很重要"的东西呢？

注意事项

提醒孩子吹气的时候不要倒吸气，防止被水呛到。最好在碗中倒入饮用水，这样，就算孩子真喝进了几口水，你也无须担忧。

学点脑科学

对世界抱有好奇心，是人们从事创造性活动的重要动机之一，探究精神能够帮助人们获得新的想法。

对生活环境的好奇心激励着人们去尝试、试验、验证猜想，科学思维正根植于此。

培养孩子的创造力，可以从探究日常生活中的自然现象开始。

3. 制造彩虹（3.5 岁以上）

训练目的

通过这项手工活动帮助孩子认识生活中常见的自然现象：阳光。通过揭示日常生活中的科学因素，激发孩子的好奇心。

所需道具

1 个装满水的透明玻璃杯（也可以用鱼缸等透明容器来代替）

1 个手电筒

1 张正方形白纸

步骤讲解

步骤 1：前期准备

这项活动需要在一个黑暗的环境中进行，所以你要找一间有遮光窗帘的房间。

步骤 2：固定手电筒

将一张白纸对折两次，请孩子动动手，用剪刀剪下一个小三角形，然后打开白纸，中间会出现一个洞。（你需要估摸洞的大小，以能卡住手电筒的灯头为准。）

把手电筒灯头固定在白纸中间的洞里。

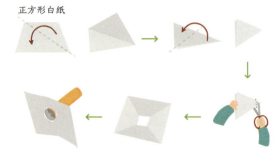

步骤 3：彩虹出现啦

拉上房间的窗帘，把手电筒交给孩子，打开开关，照向水杯。

注意调整手电筒的距离和角度，直到能在水杯的另一侧看到彩虹。

让孩子知道，我们眼睛看到的光线，包括阳光，其实都藏着 7 种颜色。是不是很奇妙呢？

玩法变式

与孩子分享能看到彩虹的场景：雨后天晴时、在晴天里洗车时、在路上遇见洒水车时，你们都会看见这道美丽的七色光！

和孩子一起听、唱歌曲《彩虹的约定》，用动听的旋律来记住光线的 7 种颜色：红橙黄绿蓝靛紫。

学点脑科学

从个体发展的角度来看，创造力的动机来自满足好奇心的内部需要。虽然好奇心是天生的，但是可能在孩子成长的过程中，由于各种外部因素的影响而受到压抑。那些没有被压抑的好奇心会逐渐成为日后人们从事创造性工作的强大动力。因此，只有培养孩子对创造性活动的兴趣和热爱，才能充分地激发他们的创造力。

第18节 发散性思维
让思想散发，变成创意喷泉

你面前有一张白纸，纸上有一个圆。现在，你要在3分钟以内，在这个圆的基础上画出一个故事。你会怎么画呢？如果你刚好手头有纸有笔，可以试试看。

也许你会画一个笑脸、一支棒棒糖，或是更复杂的场景。在这个过程中，你的思维从纸上的圆出发，延伸到远方，像一个不受控制的喷泉将水洒在看起来十分偏僻的角落。我们把这种"思维喷泉"称作"发散性思维"。

也就是说，当看到某个事物时，你的大脑如果能由此迅速地联想到很多相关事物，或者当遇到问题时，你能从多个角度入手，找到新颖的解决方案，就说明你有良好的发散性思维。它反映了你知识的发散程度，是创造力的重要体现。

在日常生活中，父母可以问问孩子："咱家厨房里面的什么东西可以做一个船模型出来？"孩子可能会开动奇思妙想，有把洗洁精的瓶子剪开的，有拿锡纸捏的，也有用筷子做竹排的。孩子的想法突破了这些物体的常规用途，发散到需要解决问题的方向上了，这其实就是一个发散性思维过程。

你可能觉得，发散性思维总是来无影去无踪。其实，看起来突如其来的联想是大脑三大网络协同作用的结果。

第一个网络是执行网络，这个网络涉及前额叶和顶叶后侧的脑区，像一束聚光灯一样，让你的注意集中在眼前的挑战上。当你想让思维进一步发散时，大脑需要更多的自由，这时，执行网络会放松下来。

第二个网络是大脑默认模式网络，这个网络在你什么都不想的时候反而更活跃。很多研究都表明大脑默认模式网络和创意的产生有关。

第三个是突显网络，负责对大脑内部和外部传来的信息进行评估，然后进行注意力的导向。每当发现一条有用的信息，这个网络都会"通知"各个脑区："喂，各单位注意，冒出一个好点子，请大家开始衡量！"

发散性思维让孩子更灵活地解决问题

现在你知道了，原来发散性思维的背后有三个神经网络在默默协作着。那么，发散性思维对孩子的成长有什么益处呢？

很明显，能超越一般事物固有的模式（包括固有的思维方式），从一个点出发，思考各种可能，是创造力的一个重要体现。发散性思维强的人，更有可能找到困难问题的创新解决方法。这在我们这个强调创造力的时代，是最重要的素质之一。

你可以用这样的问题考考孩子："小螃蟹想和小伙伴玩，可它的钳子会伤人，这可怎么办？"你请孩子帮小螃蟹想想办法，这时，他的发散性思维就开启了：比如，可以给小螃蟹用海草织一副厚厚的手套，或者给小螃蟹的钳子缠上厚厚的白菜叶，这样它就不会伤到其他人了。除此之外，还有什么方法呢？你可以和孩子一起畅想。

培养孩子发散性思维的方法

孩子的发散性思维越强，在遇到问题时，他就能想出越多的解决方法。那么，怎样培养孩子的发散性思维呢？

在生活中，你可以多向孩子提开放性问题，每一次开放式的提问都可能开启孩子的思维喷泉。比如吃饭时，你可以问问孩子："筷子除了用来吃饭，还能干什么呢？"孩子再大一点时，你可以和他玩造句游戏，比如用"云朵""苹果""跳"三个毫不相关的词编一个故事。孩子可能思绪飘飞，给你意想不到的惊喜。

想了解更多培养发散性思维的方法吗？下面的"杯子演奏家""混色实验室""踢踏小舞者"这 3 个游戏或许可以帮到你。

1. 杯子演奏家（2岁以上）

训练目的

为宝宝示范如何将日常物品变为乐器，让宝宝观察并认识到身边的许多材料都可以变成玩具，在无形中锻炼宝宝的发散性思维能力。

所需道具

3个玻璃水杯
1根筷子

步骤讲解

步骤1：布置音乐台

请你将杯子放在桌子上、排成一行，调整高度，以适合宝宝手拿筷子敲击杯口。

布置完毕后，你拿着筷子为宝宝示范敲击，并提示力度要恰当："这是个娇贵的乐器，不可以太大力猛击哦！能发出声音就可以。"

步骤2：探索发声

让宝宝自己用筷子在杯子上敲出各种声音。注意提醒他控制敲击的力度和动作幅度。

步骤3：加入音乐

播放音乐。提醒宝宝跟随音乐的节奏来敲出声音。

玩法变式

在每个杯子里倒入不等量的清水然后再敲击。听一听，每个杯子发出的声音有什么不一样？

你可以适时和宝宝讨论："这个声音听起来比刚才那个高还是低？""你觉得哪个声音听起来更清脆？"

学点脑科学

2岁的宝宝已经开始利用声音来进行有意义的玩耍了。在音乐和律动中，宝宝学着探索新奇的世界，抒发着丰富的感受。宝宝可能不能精准地控制自己的动作，他的动作也许并不合拍、显得稚拙，但这并不妨碍他与音乐互动和表达自我。

> **训练目的**
>
> 让宝宝探索颜色混合的效果,并初步运用探索经验,来调配出某种物品的颜色。
>
> 除了探索色彩,宝宝也会在动手操作中体验到颜料用量配比不同所带来的色调变化。

> **所需道具**
>
> 水彩颜料(多色)
>
> 3～5个透明容器(宝宝单手拿得起来倒水,并且能直接看到杯中水的颜色)
>
> 搅拌棒(一次性筷子、小木棍都可以)

2. 混色实验室（2.5岁以上）

步骤讲解

步骤1：预备原料

让宝宝和你一起把杯子摆成一行。请宝宝选择他喜欢的颜料颜色,然后把每种颜料单独挤到一个杯子里去。

颜料不用挤得太多,和宝宝说"就跟你刷牙时挤的牙膏量那么多就可以"。可以交给宝宝来动手,锻炼他手部的肌肉。

步骤2：兑入清水

在每个杯子里兑入一些清水,不要加满,最多到1/3。

一开始可以只加一点点水,搅拌。再

加一点点,再搅拌。如此两三次,引导宝宝观察杯中水颜色逐渐变浅的过程。

步骤 3:尝试混色

让宝宝拿起其中一个杯子,把一部分水倒到另一个杯子里去,搅拌一下。看看另一个杯子里的水会变成什么颜色。

玩法变式

等宝宝对混色有点了解之后,你可以给宝宝提出一个新挑战:"妈妈爱吃抹茶蛋糕,你能帮我做出抹茶的颜色吗?"

当然,有些宝宝可能会热衷于捣鼓出小便的颜色!这也无伤大雅,有何不可?诙谐一点、放松一点,尊重宝宝的兴趣吧。

学点脑科学

心理学家通过研究具有创造性成就的科学院院士发现，尽管各种家庭背景下都可能出现科学创新人才，但是生命早期的一些家庭环境因素对于创造性人才的培养至关重要。这些家庭鼓励自由探索，设法促进宝宝的独立自主性，至少不设置过多限制。

尽管有时候宝宝的探索和"实验"活动可能会把家里弄得一团糟，但是这些行为正预示着创造力的萌芽。我们应该给宝宝更多的自由空间，不限制他们的好奇心，并通过一起玩实验类的游戏来支持他们的探索。

3. 踢踏小舞者（3岁以上）

训练目的

把双脚当作乐器，用踢踏的方式跟着音乐打拍子，并尝试变换节奏，在这个过程中锻炼宝宝的发散性思维能力。

所需道具

音乐播放设备

两双厚底鞋（你和孩子各一双，要能在地面上踏出声音的）

步骤讲解

步骤1：初探踏步声

你和孩子面对面，各坐在一张凳子上，引导宝宝看你的双脚。

你先试踏几步，确保孩子注意到动作与节奏的关联。

步骤2：踏出节奏来

有节奏地踏起步来，先单脚踏步，再双脚轮换踏步，打出有节奏的"嗒嗒嗒"声。

步骤 3：跟随音乐踢踏

播放一首节奏鲜明的音乐，你用双脚踢踏地面，跟着音乐踏出拍子，让孩子一起做。为了调动孩子的兴趣，你不妨情绪昂扬一点，效果会更好！

玩法变式

如果你觉得孩子踢踏的动作不一定跟得上你，也可以让他用拍掌的方式跟随。

你还可以和孩子站起来踏步，让肢体舒展开来。

注意事项

放轻松。这个游戏对节奏感要求较高，不过不要太紧张，你只要带领孩子体验用身体制造出声音和节拍，能再做一些简单的节奏变换，就达到目标了。

出于安全考虑，事先确保地面不会太滑、没有障碍物。

学点脑科学

3岁孩子主要通过具体的动作经验和与外界环境的互动来建构起对这个世界的认识。所以,积累丰富多样、灵活的感觉动作经验,可以为孩子日后更加成熟、更有目的性的创造性活动奠定良好的基础。

使用自己的身体来制造声音,根据音乐节奏快慢来调节自己的动作,能够帮助宝宝更好地整合不同通道的感觉经验(听觉与运动感觉),并训练认知灵活性和注意力。

第19节 成长型思维
不论输赢,孩子都能开心生活

生活中,有时你会发现:

有些孩子摔倒了会不停地哇哇大哭,有些孩子则会若无其事地爬起来继续奔跑嬉戏;

有些孩子会因没搭好积木城堡而自己生闷气，而有些孩子会一遍又一遍耐心地重新搭建；有些孩子和小朋友一起玩时特别在意输赢，自己没得第一就不高兴，有些孩子则无论输赢都能开开心心地参与。

面对同样的情形，为什么不同的孩子会有完全不同的表现呢？这些表现又会对孩子未来的成长产生哪些影响？

30多年前，斯坦福大学的一位教授卡罗尔·S. 德韦克（Carol S. Dweck）也很关心这些问题，并就此展开研究。最终她发现，存在两种对立的思维模式，这两种思维模式分别为：成长型思维模式（growth mindset）和固定型思维模式（fixed mindset）。

拥有成长型思维模式的人认为，通过坚持、努力及专心致志的学习，一个人的智力将得以成长或发展。在这种思维模式的引导下，孩子会更好奇地面对未知的世界，更开放地面对人际关系，对自己的看法从"我很聪明"转变为"我很努力"。

拥有固定型思维模式的人则不同，他们认为一个人的智力主要取决于天赋，要么聪明要么不聪明，后天努力无法带来大的改变。

这两种思维模式会带来怎样的影响呢？德韦克等研究者发现，拥有成长型思维模式的孩子，勇于尝试，乐于接受挑战，会更开放地面对世界，而不只关注事情的结果。

脑认知科学家詹妮弗·曼格尔斯（Jennifer Mangels）从脑科学层面解释这两种思维模式的不同，结果令人大开眼界。

她的研究是这样做的：对两种思维模式的人，利用事件相关电位技术（ERP），探索他们在作答问题答案揭晓过程中，大脑什么时刻更活跃，注意力更集中。

结果显示，那些拥有固定型思维模式的人只对结果对错感兴趣。在被告知答案的那一刻，他的注意力非常集中。然而，在知道自己回答错误后，接下来他与记忆有关的脑波活动并不强，也就是说，他对改正错误并不感兴趣。而具有成长型思维模式的人在得到自己回答错误的反馈后，会高度关注可以提高他们知识水平的信息。

其他类似的研究也证实了这一结果，与拥有固定型思维模式的人相比，拥有成长型思维模式的人在回答问题时准确性更高，更善于从错误中积累经验，从而提升自己的相关能力。

成长型思维可以后天习得

可能你会问，成长型思维是天生的吗？怎样让自己的孩子从小就能获得这种思维模式呢？

成长型思维是可以后天习得的。其实，只要孩子意识到大脑是可塑的，他对失败的态度就会转变很多。有研究者围绕数学学习做过研究，他们教其中一组孩子只学习数学技巧，而教另一组孩子将数学技巧与锻炼大脑联系起来。在后一组孩子的眼里，大脑能够越变越强，他们学习数学的动机变得更强了。

育儿先育己，想让孩子获得成长型思维，你也要用成长型思维模式看待孩子，不要给他贴标签，把他的很多行为归为"天生"，比如天生就很聪明，天生就很笨，天生就不爱读书，等等。多用"努力""尝试""进步"这样的字眼去夸奖孩子，鼓励他关注过程而非结果。

日常生活中，还有哪些培养孩子成长型思维的方法呢？下面的"盖呀盖高楼""求援排位赛""失败博物馆"这 3 个游戏或许可以帮到你。

1. 盖呀盖高楼（2岁以上）

训练目的

和宝宝一起头脑风暴，回顾成长的点滴印记，历数增加的新本领，让宝宝直观感受到自己在成长，有变化。

所需道具

2张大白纸
1盒彩笔
1把剪刀
1根胶棒

步骤讲解

步骤1：开始来玩吧

和宝宝一起动手，将一张白纸裁成大小不一的长方形纸片，并涂上颜色，备用。

步骤2：宝宝的本领

和宝宝讨论他最近掌握了什么新本领。你不妨先将自己观察到的说给宝宝听，作为启发：

"我发现啊，现在的你，会又快又稳地跑步啦；学会骑平衡车啦；能够着电梯按键啦……"

随后请宝宝自己来说说。

步骤3：记录下来

宝宝每说出一项本领，你就用笔在纸片上做记录。一张纸片上写一项。最好再画上插图，让还不识字的宝宝也能知晓其意。

步骤4：盖高楼

告诉宝宝："你掌握的本领越来越多，就像建筑工人一层一层地盖出高高的楼房来一样。"然后将另一张大白纸平铺在桌上，将上一步骤中写好的纸片摆出楼房的形状来。

摆放完毕，就可以用胶棒把纸片固定在大白纸上，楼房就盖好了！

步骤5：盖更高的楼

将纸片上的内容一一读给宝宝听，然后告诉他："这一点一滴，都是你的成长记录；以后你还会做更多的事情，掌握更多的本领呢。"

玩法变式

请宝宝用彩笔给自己的"能力大楼"增添细节，把它描绘得更美丽。

2岁多的孩子已经产生了一些模模糊糊的愿望，比如想要跑得最快、希望当警察之类的。你可以问他还想掌握什么新本领，期待自己拥有一层什么样的新（能力）楼层。用另外的颜色将这些目标标记得醒目一点。

注意事项

在家庭里采取这种有仪式感的活动，能让宝宝从小就熟悉决断行动的策略。但要认识到，因为这个阶段的宝宝还做不到自己规划行动，所以你的示范和引导才是重头戏。很有可能的是，你在宝宝的"监督"之下，顺利摆脱了自己的拖延症！

学点脑科学

神经可塑性是指大脑在人一生中的变化、适应及改变的能力。相信神经可塑性，是形成成长型思维的重要一环。

斯坦福大学心理学教授卡罗尔·S.德韦克的研究指出，如果你相信你的大脑可以成长，你的行为就会有所不同。成长型思维将塑造孩子坚毅的性格，让他在未来发展中更具创造力。

为了帮助孩子理解可塑性这一概念，你可以引导他观察自身能力的变化，回溯这些过程，同时也能帮助孩子增强自我意识，认识自己。

2. 求援排位赛（3岁以上）

训练目的

给予孩子的正向反馈能为他带来安全感，从而使孩子具备试错、创新的勇气。

这个游戏强调的是安全感，引导孩子思考在遇到困难时，自己可以求助于哪些人并与之交心相谈，并在此过程中获取应对困境的策略。

所需道具

若干支彩笔
2张白纸

步骤讲解

步骤1：引入情境

根据平时对孩子所遇困难的观察，描述一种与他经历类似的情境。比如：

情境一：小蓝在班上总是吃饭最慢的那一个，其他小朋友会围着他，笑他是"小乌龟"，小蓝因此觉得难过。

情境二：凯凯在体能测试中排名最后一位，他因此感到沮丧。

步骤2：向谁倾诉

请孩子想象，如果是他处在这种情境下，他可以向谁倾诉和求助呢？

步骤3：画手的轮廓

把纸和笔拿出来，请孩子将一只手按在纸中心，你用笔沿着孩子手的轮廓画线。

步骤4：标记安全网

告诉孩子，大拇指代表他需要帮助时第一时间会去求助的人。如果第一位联系不到或没有时间回应，接下来会求助的人就排在食指位置，然后是中指、无名指、小指，5根手指都写上名字，或是画上头像。

步骤5：回顾并展示

你和孩子一起回顾这张"援手排位图"，请孩子说说为什么这样安排顺序。倾听孩子的理由能让你更加理解他。

玩法变式

把手的意象换成蜘蛛网。用不同颜色的笔来画网线，并标出孩子愿意去求助的人。越亲近的人离中心越近，反之越远。

和孩子进一步讨论，请他回想自己曾经遇到过哪些困难，在那些时刻，他希望大人能够给予什么样的帮助。

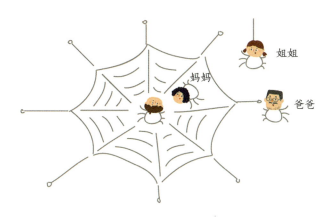

注意事项

有时候孩子不大愿意直接谈论自己的挫败经历,你需要有充分接纳和宽容的心态。可以搁置话题,等到合适的时候再聊,也可以由你主动分享自己曾经遭遇过的失败经历,降低孩子的防备。

学点脑科学

英国心理学家约翰·鲍尔比指出:一些孩子之所以有初生牛犊不

怕虎的精神,是因为他们心中有一个"安全基地"——父母的正向支持带来的安全感,它会激发孩子的探索欲望和创造力。

培养创造性思维能力,关键在于为孩子创造出一个轻松的、有心理安全感的精神环境,同时引导他表达对自身、对他人的看法,帮助他增强自我意识,认识自己。

3. 失败博物馆（5岁以上）

训练目的

用角色扮演的方式，演示运用成长型思维应对失败的思考策略，教会孩子正确的归因思路。

所需道具

若干张白纸
1支笔
话筒等博物馆解说员的装备（非必选）

步骤讲解

步骤1：引入情境

告诉孩子："每个人都会有失败的经历，如果能从中学到东西，那么这些经历就值得好好记住。今天我们就来给自己做一次失败经历的博物馆展览吧。"

步骤2：分享自己的经历

你扮演要收集失败经历"展品"的博物馆工作人员。

你可以先谈谈自己的失败经历。你的坦诚态度是教孩子学会直面问题和运用成长型思维的极佳示范。

步骤3：倾听孩子的经历

转而问孩子："请问，你有过失败的经历吗？可以给我提供展览的素材吗？"

步骤 4：多角度分析

与孩子谈论、分析这次失败的原因。你可以提供一些方向，引导孩子从多个角度去思考：

- 是因为采取的方式不对吗？
- 是因为准备不足或努力不够吗？
- 是因为一些外部的因素吗？有哪些因素？

在讨论过程中，注意保持开放的态度，不要轻易否定孩子。如果孩子将失败全部归因为"自己能力不够"，你就需要适当介入了，告诉他："能力不是一成不变的。它是可以随着你的经验增长、努力而改变的。"

步骤 5：制作"解说牌"

仿照博物馆里的解说牌，在纸上写下你们刚才讨论的经历。内容包括：

- 标题
- 简要过程描述
- 原因总结
- 经验总结（假如再经历一次，我该如何做）

步骤6:小小解说员

"展品"的准备工作完成!拿出话筒等道具,请孩子扮演博物馆解说员,结合你们一起制作的解说牌来描述一下这些"展品"吧。孩子不仅能对成长型思维模式形成更加清晰的认识,还能锻炼口头表达能力。

玩法变式

找一张大白纸,画一张双栏表格:一列表头是"事件",另一列表头是"我认为原因是……",把这张纸贴在显眼的位置。每当孩子遇到困难、心情沮丧的时候,你都可以带孩子重复做这种"评估"练习。

学点脑科学

韧性是指从压力、挑战、逆境甚至失败中反弹回良好状态的能力。孩子的知识经验有限,但他们每天都会遇到新情况、新问题,怎么办?一方面,他们竭力模仿成人;另一方面,他们需要启用创造性思维,独自应对挑战。

保持韧性,这是孩子成长过程中的一项重要的心理技能。有韧性的孩子更敢于承担风险,更有可能走出舒适区,在探索和创造的道路上走得更远。

通过回溯失败的经历,孩子能深入了解自身的能力极限和优劣势,这有助于他们独立解决问题和实现长期目标。

第20节 反事实思维
孩子为什么会异想天开

你一定发现了,孩子有时候特别喜欢异想天开。比如在画一只气球时，他会说："如果吹口气，气球变得越来越大，就能把我带到天上去了。"或者，听到"种瓜得瓜，种豆得豆"后，他就拿着铲子和鸡蛋，跑到院子的空地里挖起坑来，因为他觉得"种下一颗鸡蛋，就能得到一颗新的鸡蛋"。孩子都特别喜欢进行这种脱离现实、不切实际的假想。

有现代教育理念的家长大都意识到，异想天开是孩子创造力的表现，不应该打压制止，反而应该鼓励和支持。可是，你可能会疑惑，这些不着边际的胡思乱想到底是怎样帮助孩子的呢？想象出不存在的东西到底有什么用？

其实，这种假想和孩子的反事实思维（counterfactual thinking）能力有关。

什么是反事实思维呢？人类并不是完全在现实世界中体验生活的，我们对现实以外的世界一直心存向往，所以才有那么多梦想、计划和假想。这些实际上不存在的世界被称为"反事实"，而我们对不真实的条件或者根据不同可能性进行想象的过程就被称为"反事实思维"。

在日常生活中，反事实思维经常出现。想象一下，在奥运会的领奖台上，获得铜牌的选手和获得银牌的选手哪个更开心？你可能会觉得，当然是银牌获得者了，毕竟这个奖牌的分量更重。但是，这两位选手各自头脑中的"反事实"非常不同。银牌获得者想象的是，"差一点我就得到第一名了"，他会觉得很沮丧；而铜牌获得者的反事实是，"一枚奖牌都得不到，会失去站上领奖台的资格"。研究者通过观察运动员的面部表情也发现，铜牌获得者要比银牌获得者更高兴。

对孩子来说，反事实思维就体现在他们的异想天开和过家家等游戏中。就像本节开始提到的例子，孩子会设想气球把自己带到天上去；播下"种子"，就会结"果"。虽然孩子还不能完全正确地理解世界，但他们已经具备了反事实思维的能力。

孩子是从多大开始拥有反事实思维的呢？脑认知科学家艾莉森·高普尼克（Alison Gopnik）在《宝宝也是哲学家》(*The Philosophical Baby*)中提到这样一个实验：实验者让宝宝把套环套到杆子上，不过其中一个套环的空心被封了起来，怎样都套不到杆子上。面对这种情况，15个月的婴儿仍然会尝试把这个套环套到杆子上去，一试再试，直到放弃为止。不过，等到他们 18 个月时，情况就不一样了。他们会拿着被封住的套环，露出"你想骗谁呢"的表情，根本不去尝试。这说明，18 个月的孩子能设想各种情况发生的可能性，即使没有尝试，也能预测尝试后失败的场景。孩子在 1 岁半就有了反事实思维，是不是让你觉得很惊讶？

你可能会好奇，孩子是如何形成反事实思维的呢？反事实思维和孩子对因果关系的理解有关。在和真实世界打交道的过程中，孩子会发现很多因果关系，并建立自己的因果关系模型，然后通过各种探索不断验证和修改这个模型。他的大脑中形成了一张"认知示意图"，就像电脑中可以查询的地图一样。有了这张示意图，孩子可以开动脑筋，像在地图上设计路线一样，整合已有的信息，主动设计新的因果关系。由此，他就可以设想未来或是回想过去了，即使这些设想和事实不符或者还没有变成事实。

另一方面，反事实思维的背后也有重要的脑神经网络作为支撑。当孩子想象与事实不同的情境时，前额叶、海马这些和心理表征有关的脑区活跃着。当孩子在事实和自己的想象之间灵活切换时，额叶、顶叶等负责认知控制的脑区活跃着。与情绪有关的反事实思维同样能激活处理情绪的脑区，比如杏仁核。不过，和很多其他能力一样，孩子反事实思维能力的成熟也是一个渐进的过程。

那么，如何锻炼孩子的这种反事实思维能力呢？

假装游戏为更成熟的反事实思维打下了基础。对于语言能力还比较弱的宝宝，你不妨多陪他玩假装游戏。

当孩子能比较自如地运用语言了，一种提问方法能让孩子的反事实思维变得更强，那就是多提"如果……会怎么样"的问题。比如："如果小鸡掉进了水里，它会怎么样呢？""如果你昨天按时睡觉了，今天会怎么样呢？"这种提问不仅让孩子开动脑筋，还能帮助他弄清事件之间的因果关系。

反事实思维看似抽象，其实可以融入生活的方方面面。在日常生活中怎样锻炼反事实思维呢？下面的"床单宫殿""百变三重奏""假如我是……"这3个游戏或许可以帮到你。

1. 床单宫殿（2.5岁以上）

训练目的

用家里的日常用品为宝宝搭建起想象的空间环境。

所需道具

2～3张床单（大浴巾也可以）

1根晾衣绳或一个晾衣架

若干个晾衣夹或衣架

步骤讲解

步骤1：准备工作

在阳台上用晾衣夹或衣架把床单晾晒起来。

在不挨到地面的前提下，让床单长长地垂下来，床单彼此保持平行，尽量形成围闭的空间。

步骤2：进入宫殿

和宝宝一起在床单之间穿行，告诉宝宝："看，我们进入了一座床单宫殿！"

步骤 3：角色扮演

想想宫殿里有什么人物，分别扮演出他们的动作来，例如：

- 像国王一样威严地巡视；
- 像卫兵一样严肃地守卫；
- 像公主一样尽情地舞蹈；
- 像王子一样练习剑术。

玩法变式

进一步激发宝宝的想象，鼓励他多编出一些简单情节来。你可以问他以下问题：

- 我们是在哪里？
- 你来数数里面有几个房间？
- 你是××国的小王子（小公主）吗？

记住，你要先入戏扮演一个人物，再自然地带领宝宝加入游戏。

你的示范带领作用是很重要的,一起玩吧!

学点脑科学

戏剧扮演是儿童发展与学习的重要媒介。通过比较想象扮演和反事实思维的认知过程,可以发现二者在心理机制上的相似性。孩子掌握了想象扮演的方法,便能更好地掌握反事实思维。

---

2. 百变三重奏（3.5岁以上）

训练目的

以一件日常用的小物品为道具，让孩子将它想象为别的东西，随时随地体验即兴创作的乐趣，锻炼想象力与表现力。

所需道具

若干小物品
1支笔

步骤讲解

步骤1：说明玩法

向孩子说明这个游戏的玩法：

拿起手边的一件小物品，想象它是别的什么东西。玩家要通过动作表现出这种东西的特征，由另一个玩家来猜出它是什么。

每样物品要"变"三次。

步骤2：演示一遍

你先演示一遍，确保孩子明白规则。

以一支笔为例，你可以想象它是香烟、遥控器、簪子、痒痒挠、指甲钳、餐叉……

表演一次后，停下来请孩子猜猜："刚才我把笔当作什么了？"孩子猜出来之后，再继续"变"下一个。

步骤3：开始比拼

你们可以猜拳决定由谁来表演，谁来猜。

随后调换角色,再来一个回合。

步骤 4:回顾讨论

游戏结束后,和孩子一起回顾:

- 刚才我们都把笔"变"成了哪些东西?
- 你最喜欢的创意是哪一个?
- 你是怎么想到的呀?

玩法变式

把孩子的每段表演录制成小视频,发给其他家庭成员或小朋友,请他们猜一猜孩子把手里的东西变成了什么。

扩大游戏范围,有分享,有交流,孩子玩游戏的热情会愈发高涨!

学点脑科学

有研究表明,儿童长大后创造力水平的高低与其早期进行的假装游戏有关。童年早期的假装游戏能够促进认知灵活性的发展,并最终促进创造力的提升。孩子常玩的假装游戏实际上就是反事实思维的一种表现:偏离此时此地的现实状态,想象各种假设的情境。

3. 假如我是……（5岁以上）

训练目的

通过扮演其他角色，孩子不仅可以练习反事实思维，还可以发展对其他事物的同理心。

所需道具

至少5张空白卡片
1支笔

步骤讲解

步骤1：写角色卡

你和孩子一起进行头脑风暴，商量你们想要扮演的5个（或者更多）角色。这些角色可以是人物（现实生活或者虚拟世界中的）、动植物或者无生命的任何东西。比如，你们可以扮演巫师、其他家庭成员、大象、一扇门，等等。

把这些角色分别写在或者画在卡片上。

步骤2：角色大比拼

你和孩子比赛扮演这些角色，比如孩子先抽取一张角色卡，想出一个动作或姿势来扮演这个角色（还需要说明理由）。然后轮到你了，你需要想出另一个动作或姿势来扮演这个角色。

两个人轮流扮演同一角色，直到某个人想不出新的扮演方式了，那么这一轮游戏结束。然后你们可以抽取一张新的角色卡，从你开始进行扮演。

你们可以尝试创造一些假设情境，思考要扮演的那个角色在不同情境下会有什么样的表现。比如，"假如大象在河里洗澡""假如大象想够到树上的果子""假如大象太累走不动了""假如大象不喜欢自己的长鼻子"……

模仿大象走路

步骤3：合作表演

接下来，你可以和孩子合作表演不同角色之间的互动。

你们可以随机抽取两张角色卡，想象假如它们相遇，会发生什么事情：它们第一次见面时，会怎么向对方介绍自己？它们会成为亲密的朋友还是吵架的冤家？它们之间会发生什么有趣的故事？

你们还可以交换角色，演绎出一段新的故事！

玩法变式

和孩子一起读绘本或其他故事的时候,你也可以鼓励孩子做这类"角色代入"的游戏,想象自己是故事中的某个人物,会有什么样的感受,会做出什么样的行为。

你也可以加入扮演游戏,和孩子一起演绎不同角色之间的互动。

学点脑科学

在这个游戏里,孩子需要假设自己的身份发生了改变,运用自己的反事实思维来推理这一假设可能造成哪些结果,并且通过情境表演的形式展现出这些结果。

扮演其他人物或者物体能培养孩子观点采择(从别人的角度思考问题)的社会能力,并促进其同理心的发展。

参考文献

[1] 高普尼克. 宝宝也是哲学家［M］. 杨彦捷，译. 杭州：浙江人民出版社，2014.

[2] 王莉，陈会昌，陈欣银. 儿童2岁时情绪调节策略预测4岁时社会行为［J］. 心理学报，2002，34（5）：500-504.

[3] AINSWORTH M D. The Bowlby-Ainsworth attachment theory［J］. Behavioral and Brain Sciences，1978，1(3)：436-438.

[4] BADDELEY A. The episodic buffer: a new component of working memory?［J］. Trends in Cognitive Sciences，2000，4 (11)：417-423.

[5] BADDELEY A，HITCH G. Working memory［J］. Psychology of learning and motivation. New York: Academic Press，1974(8)：47-89.

[6] BAUER C C，MORENO B，GONZALEZSANTOS L，et al. Child overweight and obesity are associated with reduced executive cognitive performance and brain alterations: a magnetic resonance imaging study in Mexican children［J］.

Pediatric Obesity, 2015, 10(3): 196-204.

[7] BEST J R. Effects of physical activity on children's executive function: contributions of experimental research on aerobic exercise [J]. Developmental Review, 2010, 30(4): 331-351.

[8] BLOOD A J, ZATORRE R J. Intensely pleasurable responses to music correlate with activity in brain regions implicated in reward and emotion [J]. Proceedings of the National Academy of Sciences, 2001, 98(20): 11818-11823.

[9] CAMERON C E, BROCK L L, MURRAH W M, et al. Fine motor skills and executive function both contribute to kindergarten achievement [J]. Child Development, 2012, 83(4): 1229-1244.

[10] CHABRIS C, SIMONS D. The Invisible Gorilla [M]. New York: Crown Publishing Group, 2010.

[11] CHOW B W, MCBRIDECHANG C. Promoting language and literacy development through parent-child reading in Hong Kong preschoolers [J]. Early Education and Development, 2003, 14(2): 233-248.

[12] CUBELLI R, SALA S D. Mirror writing in pre-school children: a pilot study [J]. Cognitive Processing, 2009, 10(2): 101-104.

[13] DOGIL G, ACKERMANN H, GRODD W, et al. The speaking brain: a tutorial introduction to fMRI experiments in the production of speech, prosody and syntax [J]. Journal of Neurolinguistics, 2002, 15(1): 59-90.

[14] ERICKSON K I, HILLMAN C H, KRAMER A F. Physical activity, brain, and cognition [J]. Current Opinion in Behavioral Sciences, 2015(4): 27-32.

[15] FASSBENDER C, SIMOES-FRANKLIN C, MURPHY K, et al. The role of a right fronto-parietal network in cognitive control [J]. Journal of Psychophysiology, 2006, 20(4): 286-296.

[16] GOLLWITZER P M. Implementation intentions: strong effects of simple plans [J]. American Psychologist, 1999, 54(7): 493-503.

[17] HU X, ANTONY J W, CREERY J D, et al. Unlearning implicit social biases during sleep [J]. Science, 2015, 348(6238): 1013-1015.

[18] JACOBSEN T, SCHUBOTZ R I, HÖFEL L, et al. Brain correlates of aesthetic judgment of beauty [J]. Neuroimage, 2006, 29(1): 276-285.

[19] LAURA B. Development through the Lifespan [M]. London: Pearson, 2007.

[20] LEE K. Little liars: development of verbal deception in children [J]. Child Development Perspectives, 2013, 7(2): 91-96.

[21] MANGELS J A, et al. Why do beliefs about intelligence influence learning success? A social cognitive neuroscience model [J]. Social Cognitive and Affective Neuroscience, 2006, 1(2): 75-86.

[22] MENENTI L, GIERHAN S M, SEGAERT K, et al. Shared language: overlap and segregation of the neuronal infrastructure for speaking and listening revealed by functional MRI [J]. Psychological Science, 2011, 22 (9):

1173-1182.

[23] MORIGUCHI Y, HIRAKI K. Prefrontal cortex and executive function in young children: a review of NIRS studies [J]. Frontiers in Human Neuroscience, 2013, 7(867): 867.

[24] POWER T G. Parenting dimensions and styles: a brief history and recommendations for future research [J]. Childhood Obesity, 2013, 9 (Suppl 1): S14-S21.

[25] SKEIDE M A, FRIEDERICI A D. The Ontogeny of the Cortical Language Network [J]. Nature Reviews Neuroscience, 2016, 17 (5): 323-332.

[26] TEREPOCKI M, Kruk R S, WILLOWS D M. The Incidence and Nature of Letter Orientation Errors in Reading Disability [J]. Journal of Learning Disabilities, 2002, 35 (3): 214-233.

[27] WIMMER H, PERNER J. Beliefs about beliefs: representation and constraining function of wrong beliefs in young children's understanding of deception [J]. Cognition, 1983, 13 (1): 103-128.

[28] YUE X, VESSEL E A, BIEDERMAN I. The neural basis of scene preferences [J]. Neuroreport, 2007, 18 (6): 525-529.

后　　记

如何养育健康、快乐的聪明宝宝？这是每位家长都十分关心的话题，为人父母，我们总希望给孩子更好的陪伴和教育。可到底应该怎么做呢？

各位爸爸妈妈，我们希望《育儿高手》一书能帮你揭开科学养育的面纱，为科学育儿保驾护航。本书是爱贝睿"未来脑计划"项目团队集体智慧的结晶。爱贝睿自 2015 年成立以来，一直专注于做好一件事——面向未来，培养孩子的核心能力。

为此，在 2015 年成立之初，爱贝睿即邀请来自全球名校的数十位脑与认知科学专家、发展心理学与儿童教育专家，组成了爱贝睿家长教练团。团队以循证为导向,将影响孩子一生发展的核心能力归结为大脑的五大方面,即智力脑、语言脑、情绪脑、运动脑、创意脑,形成爱贝睿科学养育的"五脑"体系。

过去 7 年,爱贝睿围绕这个体系推出了一系列早教产品,其中最受瞩目的是 2017 年推出的"未来脑计划"项目。它是由爱贝睿组织来自全球名校的数十位专家,在大量前沿脑与认知科学研究基础上,结合儿童大脑发育规律研发而成的一套"评估 + 训练"的分龄智能早教体系。

现在,越来越多的家长已经认识到了早教的重要性。不少宝爸宝妈想要对宝宝进行科学启蒙,可现实往往很骨感:早教机构价格昂贵、课程质量参差不齐、来回接送麻烦……这些都是横亘在普通家长面前的难题。

0 ~ 6 岁是培养大脑能力的黄金期。难道就这样白白错过宝宝的早教关键期?作为一项适合中国家庭的科学早教计划,"未来脑计划"

项目打破地域限制，让更多家庭、更多孩子的未来被科学养育之光照亮。

"未来脑计划"项目主要包括三个部分：①儿童行为观察；②大脑训练游戏；③宝宝成长档案。以上三大模块都是围绕宝宝的全脑发育设计的，其中最精髓的是爱贝睿研发团队原创的 1000 多个大脑游戏。

这些大脑训练游戏专门面向 1～6 岁宝宝设计，基于智力、情绪、语言、运动、创意等 5 大类 20 种核心能力，背后参考了成千上万篇儿童早期教育学术论文。每个游戏都有详细的步骤说明，还有从基础到进阶的变式玩法，更有背后的脑科学原理，让家长和宝宝玩得"有理有据"。

你也许好奇，为什么孩子的早教启蒙要将如此大的功夫投入"无用的"游戏上？很多爸爸妈妈会看不惯孩子"瞎玩"，或者常对孩子说"这有什么好玩的"。

其实，玩才是儿童早期最主要的学习方式。因此，《育儿高手》一书结合最受家长关注的育儿难题，甄选了"未来脑计划"中备受家长好评且训练重点突出、趣味性较强的60个游戏，让孩子边玩边提升相关的核心能力。

此外，为了让你清晰深入了解游戏背后的训练原理，每一节的开篇均从日常的育儿场景出发，讲解孩子对应的核心能力，并抽丝剥茧地阐述背后的原理以及提升能力的方法，帮助你在了解孩子的大脑发育水平以及行为背后原因的同时，用更科学有效的方法解决你的养育难题。

本书能够出版，很感谢参与"未来脑计划"研发的同事和前同事们——阳志平、魏坤琳、黄扬名、曹莹、黄润悟、邱晓亮、洪一嘉、罗植文、滕明博、王超、许逸红、由佳妮、王静、青豆、赵一鸣、万珊、张琳琳、刘聪、石晓娜、秦丽萍、王丹青、肖璇、其林等。部分文字曾以"未来脑计划"项目的配套视频课《让孩子赢在未来的20个核心能力》的形式出现；部分游戏曾以"未来脑计划"项目的配套游戏模块的形式出现。同时还要感谢机械工业出版社的胡晓阳、邹慧颖编辑，多亏她们认真地编辑策划、整理文字，本书才能与大家见面。

期待《育儿高手》一书不仅能帮你四两拨千斤,轻松成为真正的育儿高手,还能帮你和家中的"队友"、长辈等达成科学育儿的共识,一起面向未来,科学快乐地养育孩子。

王薇

爱贝睿联合创始人兼 CEO

2022 年春于北京市朝阳区